9Marcas

REVISTA

PENSANDO BÍBLICAMENTE PARA
EDIFICAR IGLESIAS SANAS

EL MINISTERIO PASTORAL: FAMILIA Y PRÁCTICA

es.9marks.org | revista@9marks.org

Herramientas como esta son provistas por la generosa inversión de los donantes.
Cada donación a 9Marks ayuda a equipar a líderes de iglesias con una visión bíblica y recursos prácticos para reflejar la gloria de Dios a las naciones a través de iglesias sanas.

Donaciones: www.9marks.org/donate.

Si usas cheque, puedes hacerlo a nombre de "9Marks" y enviarlo a:
9 Marks
525 A St. NE
Washington, DC 20002

9Marks ISBN: 978-1-958168-98-1

Editor Español: Daniel Puerto
Director Editorial: Jonathan Leeman
Generente Editorial: Alex Duke
Maquetado: Edvanio Silva
Gerente de producción: Simona Gorton
Director Internacional: Rick Denham
Presidente de 9Marcas: Mark Dever

CONTENIDO

TESTIMONIOS Y LECCIONES DEL MINISTERIO PASTORAL

RESEÑAS

Nota del editor

Daniel Puerto

A lo largo de la historia, muchos han considerado que desempeñar el ministerio pastoral es un gran privilegio. El teólogo africano Agustín de Hipona escribió al obispo Valerio que "si en el oficio de obispo, presbítero o diácono se observan las órdenes del Capitán de nuestra salvación, no hay trabajo en esta vida más difícil, penoso y peligroso… pero *ninguno al mismo tiempo más bendito a los ojos de Dios*".[1] Y unos 1,200 años después de Agustín, el puritano Thomas Goodwin escribió: "No desprecies el ministerio [pastoral] ni su obra. Es para convertir almas, y por lo tanto es *el mejor llamado del mundo*".[2]

Los pastores son una provisión de Cristo para la edificación de la iglesia (Ef 4:8-13). Ellos tienen la gran tarea de pastorear el rebaño de Dios y velar por él; Dios les ha confiado el cuidado de estas ovejas que son muy amadas (1P 5:2-3). Y un día darán cuenta al Príncipe de los pastores por el trabajo que hicieron de conocer, guiar, proveer y proteger para los corderos de Cristo (Heb 13:17; Jn 21:15-17).

El llamado a este ministerio no es menor o insignificante. Esta es una alta y digna vocación. Y, como tal, tiene sus desafíos particulares y específicos. Por eso, consideramos pertinente publicar una segunda Revista 9Marcas dedicada al rol del ministro del evangelio. En la edición anterior consideramos *el llamado* al ministerio pastoral y

las funciones del anciano. En esta edición exploramos *la vida familiar* del pastor y *varios consejos prácticos* para ayudarle a desempeñar fielmente su ministerio.

El Ministerio 9Marks existe para equipar con una visión bíblica y recursos prácticos a líderes de iglesias para que la gloria de Dios se refleje a las naciones a través de iglesias sanas. Publicamos esta Revista 9Marcas con el objetivo de ayudar a los pastores a pastorear primero a sus familias, y luego cuidar su ministerio y el rebaño que Dios les ha encomendado de maneras prácticas y concretas. Amamos a los pastores y apreciamos los esfuerzos y sacrificios que hacen para cuidar la grey de Dios, y deseamos animarles en esa labor a través del contenido de esta Revista.

Un día, los pastores fieles estarán delante de su gran Salvador, Señor y Rey, Cristo Jesús y "recibirán la corona inmarcesible de gloria" (1P 5:4). Que las palabras de Juan Calvino en su comentario sobre 1 Pedro te animen, amado pastor:

---

1 Augustine of Hippo, "Letters of St. Augustin", en *The Confessions and Letters of St. Augustin with a Sketch of His Life and Work* [*Las confesiones y cartas de San Agustín con un esbozo de su vida y obra*], ed. Philip Schaff, trad. J. G. Cunningham, vol. 1, *A Select Library of the Nicene and Post-Nicene Fathers of the Christian Church*, First Series [*Biblioteca selecta de los Padres nicenos y postnicenos de la Iglesia cristiana*, primera serie] (Buffalo, NY: Christian Literature Company, 1886), 237. Énfasis añadido.

2 Citado por Terry D. Slachter y Joel R. Beeke en *Encouragement for Today's Pastors: Help from the Puritans* [*Ánimo para los pastores de hoy: ayuda de los puritanos*] (Grand Rapids, Michigan: Reformation Heritage Books, 2013), 157-158. Énfasis añadido. Con esto, no se desprecia el llamado o las vocaciones de los creyentes que no son pastores. Sino que se reconoce la enorme responsabilidad y gran estima que debe tener el ministerio pastoral a los ojos de los creyentes, especialmente de los mismos pastores. No podemos ver el llamado al ministerio pastoral ni el trabajo de velar por el rebaño a la ligera.

Si los pastores no tienen presente este fin, no es posible que prosigan seriamente en el cumplimiento de su vocación, sino que, por el contrario, desfallecerán a menudo; porque hay innumerables obstáculos que bastan para desanimar al más prudente. A menudo tienen que tratar con hombres ingratos, de quienes reciben una recompensa indigna; largos y grandes trabajos son a menudo en vano; Satanás prevalece a veces en sus perversas maquinaciones. Para que el siervo fiel de Cristo no se desaliente, tiene un solo remedio: volver los ojos a la venida de Cristo… aquel que parece no obtener aliento de los hombres continuará diligentemente en sus labores sabiendo que una gran recompensa le está preparada por el Señor. Y además, para que una espera prolongada no produzca desánimo, [Pedro] expone al mismo tiempo la grandeza de la recompensa, que es suficiente para compensar todo retraso: una corona inmarcesible de gloria, dice, te espera.[3]

3   John Calvin y John Owen, *Commentaries on the Catholic Epistles* [*Comentarios a las epístolas católicas*] (Bellingham, WA: Logos Bible Software, 2010), 146.

La esposa del pastor: ¿asociada o aliada?

Connie Dever

"¿Qué haría tu esposa si tú fueras nuestro pastor?". Esa fue la pregunta que un miembro de la iglesia hizo a mi esposo durante la sesión de preguntas y respuestas de Capitol Hill Baptist Church (CHBC). Lo estaban considerando para el puesto de pastor.

¿Cuál fue la respuesta de Mark? ¿Acaso contestó que yo me encargaría del ministerio de mujeres, que trabajaría con los niños y que lo acompañaría en las visitas? No. No respondió así.

"Ella buscará amar al Señor", respondió sencillamente. "Será mi esposa, la madre de nuestros hijos y un miembro fiel de esta congregación". Luego añadió: "Recuerden. Estarán empleándome a mí, no a mi esposa. Para que ella sirva de la mejor manera, hay que permitirle ser la mujer que Dios quiere que sea y permitirle que me apoye".

En otras palabras, él no quiso que la iglesia asumiera que yo sería otro miembro del equipo pastoral, aunque sin goce de sueldo. No quería que fuera una persona *asociada* al equipo, sino una *aliada*. Es decir, quería que tuviera una conexión íntima con mi Dios, mi esposo, mi familia y los otros miembros de la iglesia. De este modo, cumpliría con los roles bíblicos asignados a todas las esposas, las madres y los hermanos en Cristo. Así podría aprovechar al máximo las oportunidades de complementar el ministerio de mi esposo. Eso es lo que mi esposo le enseñó a su futura congregación esa noche. Me mostró que esa sería la mejor manera de servir a la iglesia. Durante los últimos catorce años, este enfoque no solo ha traído libertad a mi vida, sino también frutos a la iglesia.

Hay algo que me ha permitido vivir el ministerio como aliada de mi esposo a lo largo del tiempo: el compromiso de nuestra iglesia de capacitar a hombres jóvenes en el ministerio pastoral. Algunos de estos muchachos son miembros de nuestra iglesia. Otros llegan por el programa de pasantías pastorales. Muchos llegan junto a sus esposas, quienes también esperan que las guíen para saber cuál es la mejor manera de apoyar a sus esposos en el pastorado. Como respuesta a esto, junto con varias mujeres, formamos un grupo pequeño para las esposas de pastores de la congregación. Desde el día en que lo empezamos, hace varios años, ha ido evolucionando.

Luego de pasar varios años armando nuestras lecciones a medida que avanzábamos, optamos por seguir el libro de Mary Somerville, *En unión sagrada con un pastor*, para la mayor parte de las lecturas de nuestro grupo pequeño. Elegimos este libro porque está lleno de reflexiones bíblicas profundas y de ideas prácticas que beneficiarán a las esposas de pastores con y sin experiencia.

Sin embargo, usamos el libro con algunos reparos. Algunas afirmaciones de Somerville chocan con su mensaje principal, bien equilibrado y bíblico. Estas afirmaciones transmiten, quizá involuntariamente, expectativas demasiado altas para las esposas de pastores. La idea de que la mujer siempre estará sirviendo junto a su esposo y haciendo labores pastorales con él no es sana. Su rol principal es apoyarlo como esposa, madre, amiga y un miembro leal de la iglesia. En ciertas ocasiones, descubrimos que estamos en completo desacuerdo con las sugerencias de Somerville.

También descubrimos que, aunque *En unión sagrada con un pastor* introduce de forma excelente muchos de los temas que generalmente se enfrentan en el ministerio pastoral, las mujeres de nuestro grupo estaban hambrientas por escuchar a las esposas de sus propios pastores. Querían escuchar sobre las situaciones del ministerio y temporadas de la vida en que habíamos visto esos conceptos aplicados. Querían escuchar sobre las cosas que había atravesado nuestro corazón por debajo de la superficie y sobre el modo en que las verdades bíblicas confrontaron estos temas. Querían escuchar "historias de guerra" edificantes y cualquier palabra de sabiduría que pudiéramos ofrecer. Y querían saber cómo hablarles a sus esposos sobre estas cosas a fin de tener una conexión más íntima con ellos por amor al evangelio y por el bien de sus familias.

Ante estas preocupaciones y otras necesidades que expresaron, dudamos de que el libro de Somerville fuera el que debíamos usar. Decidimos que sí lo era. En lugar de descartar el buen libro de Somerville, lleno de tantas enseñanzas y consejos sabios, decidimos escribir una guía de estudio para acompañarlo. Así, podríamos guiar los debates hacia las aplicaciones importantes que nuestras mujeres querían, resaltaríamos las cosas buenas que Somerville dice y aclararíamos algunas afirmaciones problemáticas.

El Señor ha escogido bendecir ricamente el estudio de nuestro grupo pequeño en la iglesia. Nuestra meta con ese grupo es ayudar a los pastores y a sus esposas a glorificar a Dios a través de una conexión íntima con Él, entre ellos, con sus familias y con los hermanos de sus iglesias. Todo esto es con el fin de dar mucho fruto para Su reino.

¡Gracias, Mark, por tu sabia dirección! ¡*Soli Deo Gloria*!

Acerca del escritora

Connie Dever es la esposa de Mark Dever, el pastor de Capitol Hill Baptist Church en Washington D. C.

Traducido por **Melisa Trinajstic**.

¿Qué debe hacer la esposa de un pastor?

Juliana de Armel

Una de las preguntas más comunes que hacemos como esposas de pastores es: "¿Cuál es mi ministerio ahora". Esta es una pregunta recurrente en nuestras mentes y también una inquietud periódica para toda la iglesia. Tristemente la falta de conocimiento bíblico y la escasez de modelos en la congregación, ha generado falsas expectativas acerca de lo que debe hacer la esposa de un ministro cristiano.

No es un secreto para nadie que, como la esposa del pastor tenemos presiones continuas. Las expectativas de la congregación junto con nuestras propias demandas, pueden crear un caldo de cultivo para la ansiedad y el estrés. Nuestra vida está expuesta como un libro abierto para todas las personas, y querámoslo o no, la esposa del pastor siempre será un referente para el resto de las mujeres de la congregación. Y esto, en un sentido, es una gran bendición, pues Dios permite que nuestras vidas sean usadas para moldear a otras mujeres; este es un privilegio por el cual vale la pena pagar el precio.

Lo que vuelve complicado todo este asunto, es que no existe ni un solo versículo bíblico donde se den instrucciones acerca del "ministerio", o el "don" de ser esposa de pastor. Y la sencilla razón de por qué no existe este versículo es porque ser esposa de pastor no es un ministerio, ni un don espiritual.

La Biblia en ningún lugar da mandamientos específicos en referencia a las funciones de la esposa de un anciano[4] en una congregación cristiana. Estoy convencida de que esta es una de las razones por las cuales las personas tienden a completar el aparente vacío bíblico con las expectativas deseadas. Algunos pueden

---

4 De acuerdo a las Escrituras, la palabra "anciano" se refiere al oficio de pastor en una iglesia local. Estas palabras son sinónimos. Así se usan en esta Revista 9Marcas.

soñar con que la esposa del pastor toque el piano, otros anhelan que dirija el ministerio de mujeres, otras creen que ella debe ser la directora de los eventos que hace la congregación.

Una verdad reveladora que puede cambiar la vida de muchas esposas de pastores, es saber que Dios demanda de ellas lo que demanda de cualquier otra mujer cristiana en la congregación. Por supuesto, la esposa del pastor debe ser una mujer madura en la fe, pues su testimonio puede afectar las calificaciones de su marido para ser pastor. Sin embargo, las tareas y funciones que una esposa de pastor debe desarrollar en la iglesia deben estar basadas en los dones y habilidades que Dios le ha dado, no en las expectativas poco realistas que la congregación demande de ella.

He tenido el privilegio de estar rodeada de esposas de pastores fieles, y eso me ha permitido forjar una visión más clara acerca de mi tarea. Me impacta cómo cada una, aunque con personalidades diferentes, cumple de manera excelente su rol. No todas desarrollan los mismos ministerios ni tareas, pues cada una está en etapas diferentes de la vida, y también tienen dones diferentes. Es bajo estos modelos y sujetos a la instrucción bíblica, que en esta ocasión quisiera compartir contigo algunos principios que debes tener en cuenta si eres la esposa de un pastor o si lo serás en un futuro.

Sé la ayuda idónea de tu esposo

Eres la ayuda idónea de tu esposo, así que enfócate en orar por él y ayúdale a cumplir los requisitos establecidos en 1 Timoteo 3:1-7 y Tito 1:5-9. Trabaja para que tu familia sea hospedadora (1P 4:9), procura tener un hogar apacible, cuida a tus hijos mostrándoles la importancia del llamado que tiene su padre.

No te quejes del tiempo que él invierte en el ministerio. Más bien, muéstrale a tus hijos que Dios ha llamado a su papá a una misión muy especial, y que como familia están para apoyarle. Eres hija de Dios, y a medida que seas mejor hija de Dios, serás mejor esposa y madre.

Que tu relación con Dios no sea una preocupación para tu esposo. Ciertamente él debe pastorearte con cuidado, pero al mismo tiempo, tú debes enfocarte en tu devoción personal diaria. Como la mujer de Proverbios 31, en ella está confiada su marido, y esto es por la íntima relación que ella tiene con su Dios.

Ama a la iglesia

El Señor nos habla en múltiples versículos acerca de la relación que hay entre el amor que tenemos hacia los hermanos y la verdadera salvación (1Jn 4:20). Él ya ha derramado todo Su amor sobre nosotras para que podamos darlo así mismo a los demás (Ro 5:5). Al mismo tiempo, en la iglesia todos los creyentes estamos expuestos a críticas, aunque no somos esclavas del pecado seguimos pecando. Pero más que cualquier otro hermano de la iglesia, el pastor y su familia están expuestos a la crítica.

En ocasiones, las personas esperan del pastor y su familia la perfección absoluta y ciertamente es doloroso escuchar cuando murmuran de él, más aún cuando estas críticas no son verdaderas, pues como familia somos testigos directos del esfuerzo y el amor que nuestro esposo dedica al ministerio.

Amar a la iglesia es tu arma en contra de la crítica,

recuerda que el amor cubre multitud de pecados (1P 4:8). Con amor puedes soportarlo todo (1Co 13:7) y con él tendrás el deseo de servir de mejor manera. Tu mente no meditará en los malos comentarios sino que siempre preferirás glorificar al Señor. Recuerda que *no tenemos un Sumo Sacerdote que no pueda compadecerse de nuestras flaquezas* (Heb 4:15). Ve al Señor y pídele que te ejercite en el amor, finalmente serás tú la que puedes animar o desalentar a tu esposo en tiempos de decepción y crisis.

No busques la recompensa de los hombres, sino la de Dios

No permitas que el temor al hombre domine tu vida y haga que actúes tratando de cumplir las expectativas de los hombres que muchas veces pueden estar equivocadas. Dedícate a cumplir las expectativas de Dios, que el Señor te diga, al final del tiempo: "Bien, sierva buena y fiel; en lo poco fuiste fiel, sobre lo mucho te pondré; entra en el gozo de tu señor" (*cf.* Mt 25:23). ¿Qué mejor bendición que la recompensa sea dada por el Rey de reyes y el Príncipe de los pastores?

Ora incansablemente

Tú eres parte esencial en el ministerio de tu esposo. Tal vez no puedas hacer algunas cosas porque tienes hijos pequeños en casa, no tienes el don para participar en la música o en algunas otras tareas de la congregación. Sin embargo, algo que puedes hacer sin límites es orar por tu esposo. Ora por su ministerio de consejería, por su predicación, por los miembros de la iglesia, por sabiduría, por fuerza y salud física para él.

Ora para que él cultive también una vida de oración, que no se desvíe de la fe, y por todo lo que necesita para ejercer el pastorado. Toma lista de los requisitos del pastor en Timoteo y Tito y ora para que el Señor le dé capacidad para cumplir cada uno de ellos. Y cuando te sientas cansada y agotada, ora con más fuerza porque el Señor da gracia sobreabundante en medio de la debilidad.

Descansa en la gracia del Señor

En Salmos 127:1-2 leemos: "Si el Señor no edifica la casa, en vano trabajan los que la edifican; si el Señor no guarda la ciudad, en vano vela la guardia. Es en vano que os levantéis de madrugada, que os acostéis tarde, que comáis el pan de afanosa labor, pues Él da a su amado aun mientras duerme" (Sal 127:1-2).

Mi querida hermana, solo descansando en la gracia del Señor podemos ser la ayuda idónea que nuestro esposo necesita. Descansa y depende de Él, búscalo diariamente. No sirve de nada que te llenes de cosas y busques ser la perfecta esposa del pastor sin la gracia de Dios, pues en vano trabajarás. Es el Señor quien, en Su misericordia, nos dará las fuerzas, la sabiduría, el ánimo, el aliento, la protección, el amor y múltiples recursos más para desarrollar con éxito el hermoso llamado de ser la esposa de un pastor.

Acerca del escritora

Juliana de Armel, es una hija de Dios salvada por gracia. Esposa de Santiago Armel quien es pastor de la Iglesia Bíblica Cristiana de Cali. También es madre de un hijo llamado Santiago. Junto a su familia vivió por varios años en Los Angeles, California, tiempo en el cual fueron entrenados en Grace Community Church para luego ser enviados como misioneros a plantar una iglesia en Cali, Colombia.

Este artículo fue publicado originalmente en **Soldados de Jesucristo**. Usado con permiso.

¿Cuáles han sido una o dos de las bendiciones más inesperadas de ser la esposa de un pastor?

Laurie Alexander

Como cristianos, estamos llamados a ser "considerados con los que trabajan arduamente entre nosotros, y nos guían y amonestan en el Señor. A tenerlos en alta estima, y amarles por el trabajo que hacen" (1Ts 5:12-13). Como la esposa del pastor, ¡tengo una perspectiva única de lo que significa obedecer este mandamiento!

El apóstol Pablo también instruye a los pastores en 1 y 2 Timoteo a seguir la justicia, la piedad, la gentileza, la sobriedad, el sufrimiento de la prueba, la amabilidad, la paciencia con todos, solo por mencionar algunos. Imagina a un ministro del evangelio casado con alguien que actúa en contradicción a estos mandamientos.

Mi llamado a ser ayuda de mi esposo implica que soy llamada a ayudar a proteger su reputación al cultivar mi propio carácter. ¡Qué bendición más inesperada ha sido rendir cuentas de una

manera tan seria! Este alto llamamiento es serio, sí, pero también es una bondad del Señor para mi corazón pecaminoso, ¡porque necesito la rendición de cuentas adicional! Cuando me reúno con otras mujeres, debo poder hablar con buena conciencia acerca de cómo invierto mi tiempo y de cómo lo estoy redimiendo. ¡No solo por mi reputación, sino más importante aún, por la de mi esposo y la del Señor!

Laurie es la esposa de Paul Alexander, pastor de Grace Covenant Baptist Church en St. Elgin, Illinois.

Danelle Bancroft

Años antes de que mi esposo y yo estuviéramos en el ministerio, me habían dicho que el ministerio era duro porque vivías en una "pecera". Todos estarían observando cada uno de tus movimientos y tendrías que comportarte de la mejor manera. Irónicamente, este esperado in-

conveniente se ha convertido en una bendición inesperada.

El consejo que la gente da supone que debes estar consciente de lo que todo tipo de personas están pensando acerca de ti todo el tiempo. Pero esta manera de pensar trae como resultado el temor al hombre y no el temor a Dios. Mi principal preocupación debería ser vivir en una pecera ante Dios. Tengo que dejar que las Escrituras (no la gente) me enseñen lo que debo ser.

Reflexionar sobre lo que mi Salvador ha hecho por mí, ha dado como resultado que tome en serio mi pecado y mi santificación. He aprendido que esto es un proceso tanto doloroso como glorioso. Tito dice que el patrón de vida de las mujeres piadosas debe ser tal que la Palabra de Dios no sea blasfemada (Tit 2:5). Es liberador saber que no vivo mi vida cristiana ante el hombre, por tanto, no debo temerle. Al mismo tiempo, es bastante aleccionador recordar que mi vida, no por ser la esposa de un pastor, sino por ser cristiana, debo vivirla de tal manera que la Palabra de Dios no sea tomada a la ligera. Es a Dios a quien temo, no al hombre.

Mi esposo y yo a menudo pensamos que deberíamos pagarle a la iglesia en lugar de que la iglesia nos pagara a nosotros. Estar en el ministerio es difícil y exigente, pero también refinante y gratificante. Si esto es vivir en una pecera, ¡me sumerjo de lleno! (1Co 15:58).

Danelle es la esposa de Eric Bancroft, pastor de Grace Church, una nueva iglesia en Miami, Florida.

Kim Harvey

Veintiséis años de matrimonio, veintitrés siendo la esposa de un pastor, ¿quién lo hubiera imaginado? Ciertamente yo no. Y las alegrías son incalculables, así que déjame escoger solo una.

Me encanta el hecho de que el rol de mi esposo nunca fue algo "solo de papá" para la familia. Cada uno de nosotros fue llamado a algo más transcendental que nosotros y que nuestra familia. Tenemos el placer de dejar ir gozosamente a Dave para que sirva en los campos del Señor. Aunque nunca ha sido fácil.

Al igual que la mayoría de las esposas de pastores, amo con todo mi corazón a mi esposo y preferiría tenerlo en casa más tiempo. Y lo mismo le ocurre a Dave, nuestra familia también es su pasión. Pero para que él pudiera hacer bien su trabajo, tenía que saber que nosotros teníamos fe y visión para que él trabajara arduamente fuera del hogar. Es una de las maneras en que nuestra familia puede sacrificar su bienestar por el evangelio. Y confiarle a Dios su vida fuera del hogar produce frutos maravillosos dentro de la familia.

¡Nuestra vida en el ministerio es como un libro favorito, y no podemos esperar el siguiente capítulo!

Kim es la esposa de Dave Harvey, quien fue pastor por 33 años. Ahora es presidente de Great Commission Collective.

Cathi Johnson

La bendición más inesperada para mí es cuánto me satisface y motiva apoyar a mi esposo. La pasión que él tiene por predicar la Palabra de Dios y pastorear a nuestra iglesia le da un propósito eterno increíble. Creo plenamente en sus esfuerzos, de modo que es un honor ser su ayuda.

El privilegio de servir al Señor amando a mi esposo y cuidando de sus necesidades diarias ha sido una alegría inmensa. El Señor ha sido bondadoso conmigo al brindarme completa satisfacción para llevar a cabo la buena obra que ha planeado para mí. La bendición sorpresa es la alegría.

Cathi es la esposa de Bob Johnson, pastor de Cornerstone Baptist Church en Roseville, Michigan.

Pam Noblit

En el quinto día del pastorado de mi esposo, se conoció que un miembro del personal estaba en grave pecado moral. Aunque la iglesia con diez años de trayectoria siempre se había mantenido firme en la predicación de la Palabra, era pragmática en la práctica y nunca había ejercido la disciplina de la iglesia. Por medio de esa situación, Dios le dio a mi esposo la gracia, la sabiduría y el valor para comenzar lo que se ha convertido en un peregrinaje de veinte años de pastorear a una iglesia para reformar sus prácticas a fin de que se ajusten a su predicación (doctrina). Pero esta travesía ha hecho que nuestra familia atraviese algunas circunstancias muy difíciles.

Dado que vivimos en un pequeño pueblo del sur de Estados Unidos, nuestras hijas han sentido de manera muy personal los efectos de la difamación contra su padre y nuestra iglesia. Sin embargo, hay una situación específica que sobresale. Nuestra hija mayor fue perseguida duramente por su fe durante sus años de secundaria. Esto no lo ignoró un maestro cristiano. Luego de observar que nuestra hija fuera ridiculizada y excluida, este maestro la llamó aparte y le preguntó cómo hacía para responder tan bien. Nuestra hija respondió: "He visto a mi padre sufrir por la fe, ¿por qué yo no lo haría yo?". ¡Qué inesperada bendición!

Para la gloria de Dios, nuestras hijas no guardan rencor. Me avergüenza decir que muchas de las bendiciones que hemos experimentado fueron inesperadas. ¿Por qué deberían serlo? Nuestro Dios es fiel y ama a los Suyos. ¡Alabado sea el Señor!

Pam es la esposa de Jeff Noblit, pastor de First Baptist Church of Muscle Shoals en Muscle Shoals, Alabama.

〰〰〰〰〰〰〰〰〰〰〰〰
Shiona Rees

La única bendición que fue esperada en lugar de ser una sorpresa fue ver de cerca a Dios obrar en la vida de las personas. Es un privilegio observar los cambios espirituales en las personas que te rodean en la iglesia. Aunque esto era de esperarse, como dije, también es sorprendente ver cómo Dios obra de diferentes maneras en distintas vidas.

Muchas otras sorpresas han llegado a mi vida como consecuencia de estar casada con un pastor. Una con la que he batallado ha sido la bendición de vivir en países extranjeros. (Soy de Escocia; fuimos a un seminario en Australia y ahora trabajamos en Estados Unidos). Aunque he resistido cada mudanza, para mi vergüenza, he visto la mano de Dios moviéndonos de un lado a otro y he aprendido a descansar en el hecho de que mi ciudadanía está en los cielos. Además, Él me ha dado la oportunidad de conocer a cristianos de diferentes culturas, encontrar comunión y ver a la iglesia en acción en diferentes contextos.

Tener a un esposo impregnado de la Palabra es una gran bendición, especialmente porque habla de lo que está aprendiendo todo el tiempo. Aprendo de manera indirecta mientras él repasa todo lo que ha estado leyendo.

Una de las bendiciones más ricas que he encontrado ha sido el refrigerio y el estímulo de tener a invitados que se quedan en nuestro hogar. Ha sido un gran privilegio conocer "de cerca" a muchas personas piadosas que han sido para nosotros ejemplos de una vida vivida para la gloria de Dios.

Shiona es la esposa de Paul Rees, pastor de Charlotte Chapel en Edimburgo, Escocia.

〰〰〰〰〰〰〰〰〰〰〰〰
Jeanine Dell Sanchez

El diccionario define la palabra bendición como "un favor o regala otorgado por Dios, que produce felicidad, o la invocación del favor de Dios sobre una persona". Al considerar cuáles son las bendiciones de ser la esposa de un pastor, podría ser tentador mirar los regalos que se te han otorgado por la posición de tu esposo. Sin embargo, prefiero mirar las bendiciones que he recibido sirviendo.

Como esposa de un pastor, recibo más oportunidades que la mayoría de ser una bendición y una persona de influencia. Las personas, por lo general, traen peticiones de oración a la esposa del pastor. Por tanto, tengo la bendición de orar por estas personas y ver a Dios obrar. Otras mujeres pueden acercarse para pedir consejería. De nuevo, me siento bendecida de poder mostrarles la belleza y el poder de la Palabra de Dios y ver vidas transformadas.

Sumado a esto, se suma la alegría de recibir a personas en nuestro hogar para pequeños grupos de estudio bíblico y comidas. Tengo la bendición de dar la bienvenida a personas en nuestro hogar, de alimentarlas tanto física como espiritualmente, y de verlas regresar a sus casas renovadas. De niña, veía a la familia del pastor vivir el evangelio de la misma forma, y soñaba con ser la esposa de un pastor. Ellos fueron una bendición para mí en ese momento; ahora, el Señor me ha permitido bendecir a otros.

¡Quién dice que los sueños no se cumplen!

Jeanine es la esposa de Juan Sanchez, pastor de High Pointe Baptist Church en Austin, Texas.

Traducido por **Nazareth Bello**.

La incredulidad en los hijos de un pastor: Exégesis

Justin Taylor

[Que] gobierne bien su casa, que tenga sus hijos en sujeción con toda honestidad, (pues el que no sabe gobernar su propia casa, ¿cómo cuidará de la iglesia de Dios?) (1Ti 3:4-5).

[Y] establecieses ancianos en cada ciudad, así como yo te mandé; el que fuere irreprensible, marido de una sola mujer, y tenga hijos creyentes que no estén acusados de disolución ni de rebeldía (Tit 1:5-6).

¿Puede un hombre tener hijos que no son creyentes y, sin embargo, ser nombrado o continuar como pastor? 1 Timoteo 3:4-5 y Tito 1:6 nos estimulan a hacer la pregunta.

Hay dos interpretaciones principales. Douglas Wilson resume el primer punto de vista de forma muy concisa: "Si los hijos de un hombre se apartan de la fe (ya sea doctrinal o moralmente), en ese momento queda descalificado del ministerio formal en la iglesia".[5] Alexander Strauch sugiere la segunda opción como interpretación: "El contraste no se hace entre hijos creyentes e incrédulos, sino entre hijos obedientes y respetuosos e hijos sin gobierno ni control". Lo que está en juego, sugiere Strauch, es "la conducta de los niños, no su estado eterno".[6]

Liderazgo fiel en la iglesia y el hogar

La lógica básica de Pablo, especialmente en 1 Timoteo 3, es bastante clara. La pregunta retórica en la segunda mitad del versículo 5 ("pues el que no sabe gobernar su propia casa, ¿cómo cuidará de la iglesia de Dios?"), lógicamente basa su insistencia en un hogar ordenado en el versículo 4 ("que gobierne bien su casa, que tenga sus hijos en sujeción con toda honestidad").

Debido a que "la casa de un creyente debe ser como una pequeña iglesia",[7] el resultado es que "el que no puede obtener de sus hijos ningún respeto o sujeción… difícilmente podrá restringir a la gente con la rienda de la disciplina".[8] Esto significa que la forma en que un anciano, o un anciano potencial, dirige e instruye a su familia es de suma importancia para determinar su calificación para el oficio.

John Stott resume cuidadosamente el asunto: "El pastor casado está llamado a liderar sobre dos familias, la suya y la de Dios, y la primera debe ser el campo de entrenamiento de la segunda"[9] (*cf.* Mt 25:14-30; el que es fiel en lo poco, será fiel en lo mucho).[10]

5   Douglas Wilson, "The Pastor's Kid" ["El hijo del pastor"] en *Credenda/Agenda*, vol. 2, no. 3.
6   Alexander Strauch, *Biblical Eldership: An Urgent Call to Restore Biblical Church Leadership* [*Liderazgo bíblico de ancianos: un urgente llamado a restaurar el liderazgo bíblico de las iglesias*] (Littleton, Col.: Lewis & Roth Publishers, 1995), 229.
7   Juan Calvino, *Commentaries on the Epistles to Timothy, Titus, and Philemon* [*Comentarios a las epístolas a Timoteo, Tito y Filemón*], traducidos del latín (Grand Rapids: Eerdmans, 1948), 83 n. 1.
8   Ibid., 293.
9   John Stott, *Guard the Truth: The Message of 1 Timothy and Titus*, The Bible Speaks Today [*Guarda la verdad: El mensaje de 1 Timoteo y Tito*, La Biblia habla hoy] (Downers Grove, Ill.: InterVarsity Press, 1996), 98.
10   William D. Mounce, *Pastoral Epistles* [*Epístolas pastorales*], WCB (Dallas: Word, 2000), 180.

El análisis anterior es bastante controversial entre los exegetas. Sin embargo, surgen desacuerdos cuando investigamos más profundamente la naturaleza de "esta casa bien ordenada".

¿Deben los hijos de un anciano ser creyentes?

La pregunta más controversial que rodea estos versículos es si Pablo está diciendo que los hijos de un anciano tienen que ser creyentes, o solo que deben ser fieles, sujetos y obedientes.

El término *pista/pistos* puede significar "creyente" o "fiel" en las Epístolas Pastorales (para el primero junto a un sustantivo, ver 1Ti 6: 2; para el segundo junto a otro sustantivo, ver 2Ti 2: 2). Por tanto, los estudios de palabras por sí solos no pueden resolver la cuestión.

Sin embargo, sugiero que se puede encontrar una resolución a esta pregunta al comparar el paralelo entre Tito 1:6 y 1 Timoteo 3:4. Podemos estar razonablemente seguros de que *tekna echonta en hupotage* ("tener hijos en control/sumisión/obediencia", 1Ti 3:4) es prácticamente sinónimo de *tekna echôn pista* ("tener hijos fieles", Tit 1:6).[11] En

otras palabras, tener hijos *pista* significa tener hijos *en hupotage*. Esto podría significar que la parte final de Tito 1:6 ("que no estén acusados de disolución ni de rebeldía") es una descripción de lo que *pista* significa.

Con esto en mente, hay otras cinco razones que me inclinan a creer que Pablo se está refiriendo a la sumisión y obediencia de los hijos de un pastor, y no a su salvación.

Primero, la pregunta fundamental de 1 Timoteo 3:5 conecta explícitamente las calificaciones del anciano con sus habilidades de gestión en el versículo 4. En general, el comportamiento obediente no requiere intervención milagrosa, incluso un buen técnico de laboratorio puede hacer que una rata siga cierto camino si invierte suficiente planificación y previsión. Sin embargo, la fe salvífica no se puede producir como resultado de un buen trabajo en casa. Si bien un hogar piadoso a menudo conduce a la fe, no la produce. Si insistimos en que la salvación de un hijo está fundamentalmente relacionada con las habilidades administrativas del padre, inadvertidamente hemos asignado un papel no bíblico a la acción humana. Este es claramente el caso con una aplicación ilustradas por Stott: "Una extensión del mismo principio puede ser que difícilmente se puede esperar que los presbisteros/obispos ganen extraños para Cristo si han fallado en ganar a aquellos que están más expuestos a su influencia, sus propios

hijos".[12] ¿Qué significaría esto? Si eres es un buen administrador en tu hogar, entonces ¿se puede "esperar" que los incrédulos vengan al Señor a través de tu ministerio?

Segundo, incluso los mejores administradores pastorales tienen incrédulos dentro de su iglesia o bajo su esfera de influencia (*cf.* Ga 1: 6). La consecuencia lógica de esto significaría que uno puede manejar bien el hogar más grande (su iglesia), aunque no todos crean. Si esto es así, entonces parece que uno puede manejar bien el hogar más pequeño (su familia), aunque no todos dentro de este sean creyentes.

Tercero, insistir en que tener hijos creyentes es un prerrequisito para los ancianos conduce a algunas preguntas incómodas. ¿Qué hacemos con un anciano que tiene varios hijos creyentes, pero hay uno que no lo es? Si la mayoría de sus hijos son creyentes, ¿no es un buen administrador de su hogar? O, ¿el hijo incrédulo pone en tela de juicio su capacidad administrativa en general? Si es así, ¿por qué alguno de sus hijos resultó ser creyente? Wilson escribe: "un hombre podría decidir renunciar (y creo que debería hacerlo) si uno de sus seis hijos niega la fe. Pero si otro pastor en su presbiterio, bajo la misma situación, decide no hacerlo, y sus otros cinco hijos permanecen santos, solamente un rebelde expresaría su inconformidad a través de un

---

11 Como Andreas Kostenberger escribe: "En el contexto más amplio de la enseñanza de las Epístolas Pastorales, sería algo inusual que el autor tuviera dos estándares separados, uno más indulgente en 1 Timoteo 3:4 (obediente) y uno más estricto en Tito 1:6 (creyente). Esto crea la presunción de que leer *pista* en Tito 1:6 transmite el sentido de "fiel" u "obediente" de acuerdo con el requisito establecido en 1 Timoteo 3:4". Ver http://www.biblicalfoundations.org/?p=36, junto con reflexiones en *1–2 Timoteo, Tito*, en el *Expositor's Bible Commentary*, vol. 12 (rev. Ed.; Zondervan, 2007), pp. 606-607 y cap. 12 en *God, Marriage, and Family* (Crossway, 2004).

12 Stott, *Guarda la Verdad*, 176.

gran conflicto en la iglesia".[13] Sin embargo, esto parece inconsistente, porque si Pablo realmente enseña que los hijos no creyentes descalifican automáticamente a un hombre para el liderazgo de anciano, entonces la pureza de la junta de ancianos es algo por lo que vale la pena luchar.

Cuarto, todos los requisitos para el liderazgo pastoral que se enumeran en este texto de 1 Timoteo 3 (marido de una sola mujer, sobrio, prudente, decoroso, hospedador, apto para enseñar; no dado al vino, no codicioso de ganancias deshonestas y no un recién convertido) son acciones de responsabilidad personal. Esperaríamos que los requisitos con respecto a sus hijos estén en la misma categoría. Exigir que sus hijos tengan una fe salvadora genuina es exigir responsabilidad personal por la salvación de otro, algo que no veo en la enseñanza de las Escrituras.

Conclusión

Por tanto, creo que 1 Timoteo 3 y Tito 1 se refieren a la sumisión general y al comportamiento de los hijos del anciano. Dios ha diseñado el universo de tal manera que el papel del padre como agente disciplinario, modelo, autoridad y servidor-líder generalmente tiene un profundo efecto sobre el comportamiento de los hijos. Pablo no explica cómo se ve esto en todos los casos, ni explica todos los detalles de lo que descalificará a un anciano. Sin embargo, el caso general es claro:

Lo que no debe caracterizar a los hijos de un anciano es la inmoralidad y la rebeldía indisciplinada, si los hijos todavía están en casa y bajo su autoridad.[14] Pablo no le pide más al anciano y a sus hijos de lo que se espera de cada padre cristiano y sus hijos. Sin embargo, solo si un hombre ejerce un control muy apropiado sobre sus hijos puede ser un anciano.[15]

Que Dios les dé a los pastores y ancianos de nuestras iglesias gracia y sabiduría al dirigir fielmente tanto sus iglesias como sus hogares.[16]

---

13   Douglas Wilson, "El hijo del pastor, otra vez" en *Credenda/Agenda*, vol. 2, no. 5).

14   Ver Knight, *Comentario sobre las Epístolas Pastorales*, 161, para su argumento de que Pablo se está refiriendo a *tekna* ("hijos") que están bajo autoridad y aún no tienen la edad.

15   Ibíd., 290.

16   Deseo agradecer a Ray Van Neste, Tom Schreiner y Andreas Kostenberger por ofrecer comentarios útiles sobre un borrador anterior de este documento.

Acerca del escritor

Justin Taylor es vicepresidente ejecutivo de publicación de libros y editor en Crossway. Se desempeñó como editor general de la ESV Study Bible y es editor o colaborador de varios libros, incluido *El sufrimiento y la soberanía de Dios.*

Traducido por **Renso Bello**.

La incredulidad en los hijos de un pastor: Práctica

Matt
Schmucker

Después de la discusión exegética de Justin Taylor sobre los textos pertinentes al tema de la incredulidad en los hijos de un anciano, Matt Schmucker, responde algunas preguntas prácticas sobre cómo poner por obra esta exégesis en la vida real.

9Marcas: *¿Estás de acuerdo con la evaluación de Justin Taylor de que el pasaje en Tito 1 se refiere a la sujeción general y el comportamiento de los hijos de un pastor, y no al estado de sus almas ante Dios?*

Matt: Esa es nuestra comprensión y práctica en Capitol Hill Baptist Church.

9M: *¿Cuántos hijos tienes? ¿Todos son creyentes? ¿Han sido bautizados?*

Matt: Tengo cinco hijos, cuya edad varía entre dieciocho meses y dieciocho años. Los cuatro hijos mayores dirían que creen en el evangelio. El de dieciocho años ha confesado a Cristo públicamente al ser bautizado y fue aceptado como miembro de la iglesia. Si bien confiamos en que la semilla de la fe ha sido plantada en los otros tres, mi esposa y yo creemos que esa semilla aún es inmadura. Esperamos que, con el tiempo, a medida que se enfrenten a las pruebas del mundo, la carne y Satanás, su fe sea genuina. Como padres, tenemos la responsabilidad de afirmarlos a medida que crecen en su fe y, sin embargo, ayudarlos a examinar el fruto de sus vidas.

9M: *Por tanto, el hecho de que no puedas decir con confianza que todos tus hijos son creyentes, incluido uno de dieciséis años, no te descalifica para ser anciano.*

Matt: Esa es nuestra comprensión y práctica.

9M: *¿Se portan* bien *tus hijos?*

Matt: De acuerdo con estos versículos en Timoteo y Tito, sí. ¡Por la gracia de Dios!

9M: *¿Puedes imaginar un escenario en el que la incredulidad de tu hijo te descalifique?*

Matt: En realidad no. Por ejemplo, supongamos que mi hijo de dieciséis años viene a mí después de leer varios libros y me dice: "Papá, he pensado en los diferentes argumentos, y no creo que el cristianismo sea verdadero". Mientras él continuara en sujeción y respeto bajo mi autoridad, para no avergonzar el evangelio y cuestionar mi pastoreo del hogar, creo que podría continuar sirviendo con una buena conciencia. Argumentar lo opuesto, que sus acciones me descalificarían, requeriría la conclusión de que yo debería ser capaz de garantizar efectivamente la vida espiritual de mi hijo.

Ahora, si su falta de fe comenzó a traducirse en una falta de respeto por mi autoridad, y se volvió tan perturbador en nuestro hogar, vecindario o iglesia que un "mal olor" se asocia con mi nombre y mi liderazgo — en lugar del aroma de Cristo—, entonces debería dejar de servir.

Por otro lado, puedo imaginar un escenario en el que mi hijo de dieciséis años, que todavía viva bajo mi techo, confesó a Cristo, pero vivió en pecado abierto sin arrepentimiento. Esto podría descalificarme por completo porque demostró mi ineptitud como líder. O, incluso si no me descalifica por completo, podría sugerirme que sería prudente renunciar por un tiempo para prestar atención adicional a mi pequeño rebaño. ¿Cuánto tiempo? Dependería completamente de mis compañeros ancianos para determinar cuánto tiempo debería ser ese tiempo, ya sean meses o años.

9M: *¿Cómo entra la edad de un hijo en la pregunta de si su comportamiento descalifica a un hombre del liderazgo de anciano?*

Matt: Una vez que un hijo es independiente de sus padres, creo que está fuera de la autoridad de sus padres, ya que se relaciona con los comentarios de Pablo en Tito. Cuando un hijo está solo, está solo. El padre ya no puede ser responsable. En nuestra cultura, eso puede ocurrir tan pronto cumpla los 18 años de edad (ya no es menor) y puede mudarse de la casa. Es verdad que la cesión de la independencia puede ser gradual. Un hijo puede estar fuera de la universidad en otro estado, mientras el padre continúa pagando mucho de su manu-

tención. Aquí, la independencia se mueve hacia un área gris. Sin embargo, el principio general es que cuanto más dependiente es el hijo del padre, más se adhiere la calificación al anciano.

Supón que tienes esta situación de un hijo que se mudó, pero que sigue siendo financieramente dependiente y decide vivir en una flagrante oposición al evangelio. El anciano puede desear considerar la solución no de renunciar, sino de cortar la dependencia financiera a su hijo. Sé de una situación en la que un joven de 18 años estaba fuera de la casa, aún dependiente económicamente, pero repentina y flagrantemente vivía en oposición al evangelio. Este anciano, en acuerdo con los otros ancianos, determinó retirar todos los medios de apoyo financiero. Hacer esto permitió que las líneas reales de autoridad y dependencia fueran muy claras para todas las partes involucradas.

Entonces, hay varios factores involucrados aquí: ¿Cuántos años tiene el hijo? ¿Vive en la casa de los padres? ¿Es generalmente obediente y respetuoso de la autoridad? Todas estas preguntas son importantes para el tema de la calificación de un anciano.

9M: *¿Qué pasos debe tomar un anciano si no está seguro de que el comportamiento de su hijo es o no descalificador?*

Matt: **Primero**, ora a Dios por un corazón humilde.

Segundo, estudia y medita sobre los pasajes relevantes.

Tercero, busca consejo de tus compañeros ancianos.

Cuarto, confiésate y sé transparente con ellos. No guardes las cosas, recordando que Dios todo lo ve.

Quinto, recibe una evaluación crítica y considérela junto con tu esposa.

Sexto, confía en los ancianos de la iglesia para saber si estás calificado o no.

9M: *¿Calificarías tu respuesta a la última pregunta dependiendo de si estamos hablando de un anciano del personal (un pastor) y uno que no lo es?*

Matt: La gran preocupación de Pablo es con respecto a la reputación del evangelio. Por tanto, cuanto más públicamente estés asociado con la proclamación del evangelio, más atención se le debería dar a esta calificación en particular. Así que, los ancianos y los diáconos son llamados en este asunto, mientras que el miembro promedio de la iglesia no lo es.

Acerca del escritor

Matt Schmucker fue director ejecutivo fundador de 9Marks. Ahora organiza varias conferencias, como CROSS, mientras se desempeña como miembro de Capitol Hill Baptist Church en Washington, D.C.

Traducido por **Renso Bello**.

30 maneras prácticas para que los pastores amen a sus esposas y familias

Las demandas del ministerio pastoral pueden ser difíciles para la esposa y la familia del pastor. No solo lo tientan a descuidar a su familia, sino que estas pueden dejarlo sin buenas, creativas y significativas ideas de cómo amarles y servirles. Pastor, no podemos ayudarte con la tentación de descuidarlos, aparte de exhortarte a huir de tal tentación, ¡Cristo no te ha descuidado, ¿cierto?! Pero tal vez podamos ayudarte con algunas ideas prácticas para motivarte a amar y servir a tu esposa e hijos, de manera más efectiva. Aquí están:

En relación con tu familia

1. Toma la iniciativa y establece un plan para la adoración familiar, ¡Entonces sigue el plan!
2. Llega a tu casa puntualmente, a la hora en que dices que estarás en ella y prepara tu corazón para servir a tu familia, no para que seas servido.
3. Toma la responsabilidad en la educación y la disciplina de tus hijos, no lo dejes para tu esposa.
4. Comparte con tu esposa y tus hijos algunas de las cosas buenas que están sucediendo en la iglesia, y luego agradéceles por ayudar a que eso sea posible.
5. Usa cada hora de tu tiempo de vacaciones. Y toma unas vacaciones que no involucren a la familia extendida, restríngelo solo para tu esposa y tus hijos.
6. Toma vacaciones de dos semanas.
7. Cuida diligentemente tus días libres.
8. Hay momentos en que parece que tienes que elegir entre ser un buen padre/esposo o ser un buen pastor. Los buenos pastores eligen ser buenos padres/esposos.

En relación con tu esposa

9. Levántate temprano y ten tu tiempo a solas, para que puedas ayudar con los niños por la mañana, mientras tu esposa tiene el suyo.
10. Regálale flores y una tarjeta escrita a mano cuando menos se lo espere.
11. Programa regularmente una cita en la noche y toma la iniciativa de la logística; es decir, organiza lo de la niñera, reservaciones y ten un plan.
12. Asegúrate de conocer sus preferencias: restaurante, comida, flores, sabor de helado y película favorita.
13. Programa un tiempo semanal en el que cuides a los niños, mientras tu esposa sale a hacer lo que ella desee, no a realizar los encargos del hogar. Cuando puedas, dale todo un día libre sin los niños.
14. Decide junto con tu esposa cuántas noches te irás y honra lo que acuerdes.
15. Los domingos, toma unos minutos para comprar para tu esposa su bebida de café favorita.

16. Pregúntale a tu esposa sobre los aspectos de las cenas románticas en que desee ver que tú mejoras.

17. Lleva a tu esposa a una conferencia que la aliente.

18. Planifica retiros personales regulares fuera de la ciudad solo para ustedes dos. Organiza tiempo en tu retiro para escribir todas las evidencias de gracia que se ven en la vida del otro y luego compártanlas entre sí. Después, dedica un tiempo para escribir tus esperanzas sobre las formas en que desees crecer como esposo y padre durante el próximo año (ella hará lo mismo por sí misma) y luego compártanlas el uno al otro.

19. Respeta y busca su opinión sobre cosas relacionadas con la iglesia.

20. Realicen largos paseos.

En relación con tus hijos

21. Ten intencionalmente tiempo semanal (uno a uno) con cada uno de tus hijos. Quizás puedas incluir algunos juegos, leer las Escrituras y orar juntos.

22. Sal en citas con tus hijas.

23. Deja los asuntos de la iglesia en la iglesia, para que como padre puedas ser papá en tu casa.

24. Lleva contigo a un niño en visitas o viajes a corto plazo.

25. Has preguntas como estas a tus hijos, que te permitan pastorear sus corazones.[17]

- En tus propias palabras, ¿qué es el evangelio?

- ¿Hay algún pecado específico que conozcas y necesites de mi ayuda para vencerlo?

- ¿Estás más consciente de mi aliento o de mi crítica?

- ¿Qué es lo que más le apasiona a papá?

- ¿Actúo igual en la iglesia que cuando estoy en casa?

- ¿Eres consciente de mi amor por ti?

- ¿Hay alguna forma de pecar contra ti de la que no me haya arrepentido?

17   Estas preguntas fueron publicadas por Justin Taylor , y originalmente fueron diseñadas por el pastor Rick Gamache de Sovereign Grace Fellowship.

- ¿Tienes alguna observación para mí?

- ¿Estoy siendo un buen papá? ¿Por qué?

- ¿Cómo te han impactado los sermones del domingo?

- ¿Mi relación con tu mamá hace que te emociones para estar casado?

- (Además de estas cosas, con mis hijos mayores, siempre estoy preguntando sobre su relación con sus amigos y asegurándome de que Dios y Su evangelio sean el centro de esa relación. Y busco cada oportunidad para elogiar a su madre y aumentar su aprecio y amor por ella).

26. Toma interés en lo que a tus hijos les gusta hacer.

27. Lee a tus hijos. Cómprales libros que disfruten. Llévalos a la biblioteca.

28. Canta con ellos.

29. Ora por ellos y con ellos.

30. Sé cuidadoso de no ponerlos en el centro de atención de la iglesia (¡deja de usarlos para cada ilustración del sermón!).

Pastor, tu carácter importa más que tus capacidades

Tim Challies

El Nuevo Testamento establece los requisitos de un pastor de manera clara, repetidamente y sin reservas. Lo que es muy notable pero tan a menudo obviado es esto: los pastores son llamados y calificados para su ministerio no por su talento, su habilidad afinada o sus grandes logros (en primer lugar), sino por su carácter piadoso. De todas las muchas calificaciones establecidas en el Nuevo Testamento, solo hay una relacionada con la habilidad (debe tener la capacidad de enseñar a otros) y otra relacionada con la experiencia (no debe ser un recién convertido). El resto de las casi veinte calificaciones se basan en el carácter. Lo que hace que un hombre sea apto para el ministerio no son sus logros o capacidad (en primer lugar), sino su carácter.

No podemos enfatizar esto con demasiada fuerza o con demasiada frecuencia. Lo digo muy en serio: *No podemos exagerar la primacía del carácter*. Muchos de los problemas que vemos en la iglesia local y global hoy son causados por la falta de atención a este simple principio. Muchos cristianos podrían ahorrarse tanto trauma si tan solo sus iglesias se negaran a poner a un hombre en el liderazgo que carece de tal carácter. Muchas congregaciones se ahorrarían tanto dolor si solo descartaran a los hombres que demuestran que no tienen el tipo de carácter que Dios exige. Esta falta de atención a lo que Dios deja muy claro es una terrible plaga para la iglesia cristiana.

Desde una perspectiva humana, no es difícil entender por qué la iglesia se equivoca. Nos sentimos atraídos naturalmente por personas de notable carisma y de un talento sobresaliente. Nos encanta escuchar a comunicadores innatos y ser guiados por líderes destacados. Nos regocijamos al disfrutar de la gloria residual de hombres respetados y sus grandes logros. Nos convencemos de que nuestra medida de éxito es una prueba innegable de la bendición de Dios. Estamos dispuestos a obviar el carácter por tan solo obtener resultados.

Tal vez necesitamos preguntarnos por qué Dios valora tanto el carácter. ¿Por qué Dios confía Su iglesia a hombres de carácter en lugar de a hombres de talento o logros? ¿Por qué preferiría que Su iglesia fuera dirigida por hombres de poco renombre en lugar de hombres exitosos? ¿Por qué elegiría a un hombre poco distinguido pero honorable antes que a un hombre talentoso que es conocido y celebrado por sus muchas habilidades?

Por un lado, si bien cualquier hombre puede enseñar lo que dice la Biblia, solo un hombre de carácter puede vivir lo que la Biblia demanda. Solo él puede vivir de una manera respetable y digna de imitar. El pastor que vive un romance extramatrimonial no tiene derecho a llamar a su congregación a la pureza, sin importar lo que haya logrado en la vida. El pastor que es tacaño ha perdido su prerrogativa de instruir a otros para vivir una vida generosa, incluso si puede predicar un sermón poderoso. El pastor cuya vida se está desmoronando bajo el peso de su desobediencia a Dios no tiene autoridad para decir "sed imitadores de mí".

Por otro lado, el pastor que se conoce como un hombre de una sola mujer sirve como un modelo de amor y afecto. El pastor que vive frugalmente y da generosamente puede mostrar lo que significa ser libre del amor al dinero. El pastor cuyo liderazgo muestra mansedumbre y humildad puede decir: "sigan mi ejemplo". Un pastor debe dirigir a su iglesia estableciendo una dirección y tomando decisiones, pero primero modelando la piedad. La piedad es una cuestión de carácter, no de logros.

Hay más. La Biblia llama a todos los líderes a mirar el ejemplo de Jesucristo y a aprender de Él lo que es ser líder. Solo un hombre de carácter es capaz de este tipo de liderazgo como el de Cristo. Jesús lideró con amor, a expensas de Su propia comodidad, como un siervo que se humilló a Sí mismo ante los que lo seguían. Antes de ser un hombre de logros, fue un hombre de ca-

rácter. Fue Su amor por la ley de Dios y Su cumplimiento de la voluntad de Dios lo que lo convirtió en el líder perfecto.

El pastor que carece de carácter liderará inevitablemente de manera egoísta, con desinterés, preocupado más por su propia reputación que por la piedad de su pueblo. El pastor que es seleccionado sobre la base de sus logros no se detendrá ante nada para acumular más y más trofeos y galardones. Pero el pastor de sólido carácter cristiano sufrirá daño para proteger a los que ama, soportará pruebas para hacer lo que les beneficie. El hombre de carácter liderará como Jesús.

Y luego está esto: la debilidad humana proporciona el telón de fondo perfecto para mostrar la fuerza divina. Como dijo Jesús: "Te basta mi gracia, pues mi poder se perfecciona en la debilidad" (2Co 12:9). El hombre que es fuerte tenderá hacia la autosuficiencia. En lugar de confiar en Dios, puede confiar en su talento natural, su habilidad inherente, sus ventajas innatas.

El hombre de destreza excepcional puede mantener la atención de una audiencia

incluso con un mensaje sin sentido. El hombre de carisma excepcional puede liderar en cualquier dirección que le plazca y la gente lo seguirá. Sin embargo, ellos pueden escuchar solo para su propia diversión y seguir para su propia destrucción. Es el hombre de carácter el que sabe que el talento, la habilidad y los dones deben dedicarse a Dios. Es el hombre de carácter aquel cuya confianza no está en el mensajero, sino en el mensaje. Es el hombre de carácter quien clama a Dios en su debilidad y le ruega a Dios que muestre su fuerza. Debido a que no puede confiar en su habilidad humana, debe confiar en el poder divino. Y el evangelio brilla a través de su debilidad.

Estoy seguro de que hay muchas más razones que podríamos mencionar, pero el punto es claro: cuando se trata de los hombres que dirigirán a Su iglesia, Dios valora el carácter muy por encima de los logros. Cuando se trata de pastores, Dios mira más allá de los hombres de gran talento o éxito para llamar a los hombres de carácter. Nosotros debemos hacer lo mismo.

Acerca del escritor

Tim Challies es uno de los blogueros cristianos más leídos en los Estados Unidos (challies.com). Tim es esposo de Aileen, padre de dos niñas adolescentes y un hijo que espera en el cielo. Adora y sirve como pastor en Grace Fellowship Church en Toronto, Ontario, donde principalmente trabaja con mentoría y discipulado.

Este artículo fue publicado originalmente en inglés en **Challies.com** y en español en **Soldados de Jesucristo**. Usado con permiso.

Preguntas de Isaac Watts para pastores

Tom Ascol

Las advertencias en las Escrituras de que debemos prestar atención a nosotros mismos y cuidarnos de ser engañados —ya sea por otros o por el engaño propio— deben ser tomadas en serio por los ministros del evangelio. Ninguno de nosotros es inmune a quedar descalificado del ministerio pastoral. Es sabio y provechoso para un pastor detenerse y examinarse periódicamente, a la luz de lo que la Biblia le llama a ser y hacer.

Isaac Watts elaboró una lista de preguntas para ayudar a los jóvenes ministros a hacer exactamente eso. Estas preguntas son útiles no solo para los ministros jóvenes. Cualquier pastor puede beneficiarse de ellas. Watts dividió las preguntas en 5 secciones. El título completo del escrito de Watts es: "Preguntas que los jóvenes ministros deben hacerse a sí mismos con frecuencia, principalmente de las epístolas a Timoteo y Tito".

Sobre la fidelidad en el ministerio

1. ¿Me entrego sinceramente al ministerio de la palabra (Hch 6:4) y me propongo hacer del servicio a Cristo en Su evangelio, para la salvación de los hombres, el asunto principal de mi vida?

2. ¿Resuelvo, con la ayuda de la gracia divina, ser fiel a aquel que me ha puesto en el ministerio y cuidar el ministerio que he recibido en el Señor para que lo cumpla (1Ti 1:12; Col 4:17)?

3. ¿Me esfuerzo honesta y fielmente, mediante el estudio y la oración, por conocer la verdad que hay en Jesús (Ef 4:21)? ¿Y busco mis instrucciones principalmente de las Santas Escrituras que pueden hacerme sabio para la salvación, por la fe que está en Cristo, para que pueda ser completamente provisto para toda buena palabra y obra (2Ti 3:14-17)?

4. ¿Me aferro a la forma de las sanas palabras, en la medida en que las he aprendido de Cristo y de Sus apóstoles (2Ti 1:13), para exhortar con sana doctrina y refute a los que contradicen (Tit 1: 9)? ¿Me propongo persistir en las cosas que he aprendido, sabiendo de quién las he aprendido (2Ti 3:14)?

5. ¿Me propongo dar a la gente el verdadero significado de Cristo en Su Palabra, en la medida en que yo pueda entenderlo, y no adulterar la Palabra de Dios, sino que por la manifestación de la verdad encomendarme a la conciencia de todo hombre en la presencia de Dios (2Co 4:2)?

6. ¿Estoy atento para evitar palabrerías vacías y profanas (1Ti 6:20)? ¿Tengo cuidado de evitar los razonamientos necios e ignorantes, sabiendo que producen rencillas para nada aprovechan, sino que llevan a la ruina a los oyentes (2Ti 2:14, 23)?

7. ¿Estoy estudiando para mostrarme aprobado ante Dios, manejando con precisión la Palabra de verdad (2Ti 2:15) dando a cada uno, a saber, a los santos y a los pecadores, su propia porción?

8. ¿Doy testimonio a todos los hombres, judíos o griegos, de la necesidad del arrepentimiento para con Dios y de la fe en Cristo Jesús, y de que no hay otro nombre bajo el cielo dado a los hombres en el cual podamos ser salvos, haciendo de este evangelio de Cristo el tema de mi ministerio (Hch 4:12; 20:21)?

9. ¿Afirmo constantemente que los que han creído en Cristo Jesús deben procurar ocuparse en buenas obras y seguir la santidad, sin la cual nadie verá al Señor (Tit 3:8; Heb 12:14)?

10. ¿Enseño a los que me escuchan a observar todo lo que Cristo nos ha mandado y no rehúso anunciarles a su debido tiempo todo el propósito de Dios? (Mt 28:20; Hch 20:27)?

11. ¿Predico al pueblo, no a mí mismo, sino a Cristo Jesús el Señor, y a mí mismo como Su siervo por amor de Cristo (2Co 4:5)?

12. En mi estudio y en mi predicación, ¿presto atención a mi doctrina y mis exhortaciones, para poder salvarme a mí mismo y a los que me escuchan (1Ti 4:16)?

13. ¿Vigilo las almas de los hombres como alguien que debe dar cuenta, siendo solícito para que pueda hacerlo con alegría y no con queja (Heb 13:17)?

Sobre la diligencia en el ministerio

1. ¿Me ocupo de la lectura, la meditación y el estudio? ¿Leo una porción debida de la Escritura diariamente, especialmente en el Nuevo Testamento, y eso en el original griego, para que pueda conocer mejor el significado de la Palabra de Dios (1Ti 4: 13)?

2. ¿Me dedico a estas cosas, y me entrego totalmente a ellas, para que mi aprovechamiento pueda ser evidente a todos (1Ti 4:15)?

3. ¿Vivo constantemente bajo la mirada del gran Pastor, que es mi amo y mi juez final, y así paso mis horas para poder rendirle por fin una buena cuenta de ellas? ¿No descuido alguno de esos dones que Dios me ha dado para la edificación de la iglesia (1Ti 4:14; 2Ti 1:6)?

4. ¿Busco, en la medida de lo posible, conocer el estado y las necesidades de mis oyentes, para que pueda decir una palabra a tiempo (Is 50:4)?

5. ¿Es mi diseño principal, al elegir mi tema, y desarrollar mi sermón, edificar las almas de los hombres?

6. ¿Estoy decidido a tomar todas las oportunidades apropiadas para predicar la palabra a tiempo y fuera de tiempo; es decir, en el lugar donde se ordeñan las vacas o en la cocina, en el taller, o en el púlpito; y buscar oportunidades para hablar una palabra por Cristo, y ayudar a promover la salvación de las almas (2Ti 4:2)?

7. ¿Trabajo para mostrar mi amor a nuestro Señor Jesús, alimentando las ovejas y los corderos de su rebaño (Jn 21:16-17)?

8. ¿Estoy debidamente atento al éxito de mi ministerio? ¿Y tomo todos los métodos apropiados para preguntar qué efectos ha tenido mi ministerio en las almas de aquellos que me escuchan?

9. Donde encuentro o espero que la obra de la gracia se inicie en el alma, ¿soy celoso y diligente para promoverla?

Sobre la oración constante y la dependencia de Dios

1. ¿Me entrego a la oración, así como al ministerio de la Palabra (Hch 4:4)?

2. ¿Me hago consciente de orar diariamente en secreto, para poder así mantener una conversación santa con Dios, y también, para poder aumentar el don de la oración (Mt 6:6)?

3. ¿Me propongo ofrecer oraciones, súplicas e intercesiones por todos los hombres, en particular por nuestros

gobernantes y por mis compañeros de trabajo en el ministerio, y por la iglesia de Cristo, y especialmente por aquellos a quienes predico (1Ti 2:1; Ro 1:9-10; Fil 1:4)? ¿Busco en oración, dirección divina y ayuda en mis estudios y en todos mis preparativos para el púlpito? ¿Y ruego por el éxito de mi ministerio con Dios, en quien están todas nuestras fuentes de agua viva (Ef 3:14-19; Fil 1:8-9)?

4. ¿Alguna vez mantengo sobre mi espíritu un profundo sentido de mi propia insuficiencia para estas cosas, para que incluso pueda depender y esperar el poder de Cristo para obtener ayuda y éxito (2Co 2:1, 3:5; 2Ti 2:1)?

Sobre la negación a uno mismo, la humildad, la mortificación del pecado y la paciencia

1. ¿Me esfuerzo por complacer a todos los hombres para su bien, y no actuar para complacerme a mí mismo (Ro16:2), sino para llegar a ser todo para todos, para que pueda ganar sus almas, en la medida en que sea consecuente con ser verdadero y fiel a Cristo (1Co 10:23; 9:19-22)?

2. ¿Me comporto ante los hombres, no como un señor sobre las riquezas de Dios, sino como un siervo de todos por el amor de Cristo? ¿Y los tra-

to no como tener dominio sobre su fe, sino como un ayudante de su gozo (2Co 4:5; 1:24)?

3. ¿Soy amable y paciente con todos los hombres, con mansedumbre instruyo a los que se oponen (2Ti 2:24-25)?

4. ¿Me apruebo a mí mismo en todas las cosas como un ministro de Dios con mucha paciencia teniendo dominio de mi propia alma, y teniendo el gobierno de mi propio espíritu (2Co 6:4)?

5. Como hombre de Dios, cuyo negocio es celestial, ¿huyo de la codicia y del deseo desmedido de ganancia? ¿No busco tanto mis cosas como las de Cristo (1Ti 6:10-11)? Pero teniendo comida y vestimenta, ¿he aprendido con eso a contentarme (1Ti 6:8)?

6. ¿Estoy dispuesto a soportar la dificultad como buen soldado de Jesucristo (2Ti 2:3)? ¿Estoy aprendiendo a soportar lo que Dios me llama, por el bien de los elegidos, para que puedan obtener la salvación con gloria eterna (2Ti 2:3-10)?

7. ¿Estoy cada vez más fortalecido contra la vergüenza y el sufrimiento por el testimonio de mi Señor Jesucristo (2Ti 1:8-12)?

8. ¿Estoy dispuesto a gastarme por el bien de la gente, o incluso ofrecerme, como sacrificio por el servicio de su fe? ¿Y no considero nada preciado para mí para que pueda cumplir el ministerio

que he recibido del Señor Jesús (Fil 2:17; 2Co 12:15; Hch 20:24)?

Sobre la conversación

1. ¿Es siempre mi empeño mantener firme la verdadera fe y una buena conciencia (1Ti 1:19)?

2. ¿Camino de manera que soy un ejemplo de cristiano, en palabra, conversación, caridad, fe y pureza (1Ti 4:12)? ¿En todas las cosas puedo mostrarme a mí mismo un ejemplo de buenas obras (Tit 2:7)?

3. ¿Me esfuerzo por caminar rectamente entre los hombres y no hacer nada por parcialidad? (1Ti 5:21).

4. ¿Es mi conversación enriquecedora y religiosa para ministrar la edificación a los oyentes (Ef 4:29)?

5. ¿Evito las lujurias juveniles y sigo la justicia, la fe, el amor y la paz con todos los que invocan al Señor con un corazón puro (2Ti 2:22)?

6. ¿Evito, en la medida de lo posible, las diversas tentaciones a las que puedo estar expuesto y observo los tiempos, los lugares y la compañía que son peligrosos?

7. ¿Practico el deber cristiano de amor y caridad para aquellos que difieren de mí en opinión, e incluso bendigo y oro por mis enemigos (Ro 12:14; 14:1)?

8. ¿Me muestro a mí mismo como administrador de

Dios, no obstinado, no iracundo, no dado a la bebida, no pendenciero, no amante de ganancias deshonestas, sino hospitalario, amante de lo bueno, prudente, justo, santo, dueño de mí mismo (Tit 1:7-8)?

9. ¿Me esfuerzo diariamente por no ofender en nada, para que el ministerio no sea deshonrado (2Co 6:3)?

10. ¿Me cuido en todo tiempo, lugar y conversación para hacer y soportar lo que se requiere de mí, para probar completamente mi ministerio y para adornar la doctrina de Dios mi Salvador (2Ti 4:5; Tit 2:10)?

Acerca del escritores

Isaac Watts (1674–1748) nació en Inglaterra y es reconocido como el "padre de la himnología inglesa". Sus más de 750 himnos han sido traducidos a varios idiomas y aún hoy en día sus melodías inundan los templos cristianos de todo el mundo.

Tom Ascol se ha desempeñado como pastor de Grace Baptist Church desde 1986. Antes de mudarse a la Florida sirvió como pastor en iglesias en Texas. Él tiene una licenciatura en sociología de Texas A&M University (1979) y también tiene un M.Div. y un Ph.D. de Southwestern Baptist Theological Seminary en Ft. Worth, Texas. Tom es el Director Ejecutivo de Founders Ministries. Él y Donna tienen diez hijos, incluyendo tres yernos y una nuera. También tienen 7 nietos.

Este artículo fue publicado originalmente en inglés en **Founders Minitries** y en español en **Soldados de Jesucristo**. Usado con permiso.

¿Debería un pastor tomarse un día libre cada semana?

Brian Croft

Mi respuesta simple y directa es esta: sí. Sin salvedades. Sin reservas. Solo, sí. Aquí hay unas razones por las que me siento tan comprometido con esto:

Para un pastor, el domingo es un día de trabajo

Sé que es el día del Señor. Sé que algunos pastores están predicando el domingo y otros no. Sin embargo, mientras la mayoría se toma un descanso de su rutina semanal el domingo, el pastor está experimentando la cúspide de la misma. El domingo es un día alegre, pero también es un día emocionalmente agotador y está lejos de ser tranquilo y relajado.

Un pastor nunca deja realmente el trabajo

No importa cómo pasemos las noches o cuánto lo intentemos, el pastor nunca termina su trabajo. Incluso si el teléfono no suena o nadie pasa a verlo, el sermón sigue en la mente y el corazón, la batalla de ese santo anciano contra el cáncer sigue pesando sobre los hombros, y no hay un reloj que marquemos que mágicamente nos haga olvidar las cargas del cuidado de las almas hasta las 9:00 de la mañana siguiente. Aunque las cargas nunca se van del todo, un día en el que podamos intentar centrarnos en nuestras familias y escapar de la rutina diaria es inestimable para nuestra alma y para nuestra resistencia en el ministerio a largo plazo.

Un pastor necesita un tiempo regular donde su familia sepa que son los primeros

Hay muchos sacrificios y cargas que la familia del pastor debe soportar. Por eso, tomarse un día en el que saben que serán "el foco de atención de papá" les ayuda a entregar el tiempo de papá a la actividad de los otros días. Hay pocas maneras como esta, tan efectivas en que el pastor puede comunicar su amor por su familia: apartando un día para ellos, que está programado regularmente y que, a pesar de todo el trabajo y ajetreo, llegará pronto.

Una de las mejores decisiones que he tomado en beneficio de mi familia y mi ministerio ha sido comprometerme a un día libre cada semana. Solo los funerales, las verdaderas emergencias y algunas otras excepciones me hacen cederlo.

Mi día libre es el viernes porque es el que mejor se ajusta a nuestro horario. Escoge un día que funcione mejor para ti y tu familia. El punto es elegir un día. Hazle saber a tu familia y a la iglesia cuándo será y apégate a él. Todavía me las arreglo para trabajar unas 50-60 horas a la semana con un día libre. Solo por esa razón, estoy tan contento de tomarlo. Mi familia lo espera con ansias. Tu familia también lo hará si lo programas en tu semana y lo cumples.

Acerca del escritor

Brian Croft es el antiguo Pastor Principal de Auburndale Baptist Church en Louisville, Kentucky y es el Fundador y Director Ejecutivo de Practical Shepherding. Ha escrito o colaborado en más de veinticinco libros para ayudar a pastores y líderes de iglesias en los aspectos prácticos del ministerio pastoral. Es esposo de Cara y padre de cuatro hijos: Samuel y Abby, Isabelle y Claire.

Este artículo fue publicado originalmente en inglés en **Practical Shepherding** y en español en **Soldados de Jesucristo**. Usado con permiso.

El pastor y el dinero

Jacobis
Aldana

Puedo identificarme con las palabras de un pastor al que aprecio mucho, él dijo: "Me da vergüenza que me pregunten en la calle a qué me dedico, me da vergüenza tener que decir que soy pastor".

Por supuesto, él y tampoco yo, nos referimos al privilegio no merecido de ser ministros del evangelio. Esa es una honra que está incluso por encima de todo el que sirve detrás de un púlpito, sin embargo, es muy cierto que hay una percepción social generalizada muy negativa al respecto de esta labor que viene precisamente por hombres avariciosos y probados estafadores que han cultivado con creces esta reputación mayormente en América Latina.

La Biblia no tiene pocas advertencias sobre cómo deben conducirse los pastores en relación con el dinero. Una y otra vez se amonesta acerca del peligro del amor al dinero (1Ti 6:9), la avaricia (2P 3) y las ganancias deshonestas (Tit 1:7). En efecto, no se trata de un tema menor. Los creyentes, y en mayor medida los pastores, deben vivir al margen de escándalos que puedan estar asociados al dinero.

Si bien es cierto que los pastores son administradores, no es acerca de asuntos materiales principalmente, sino de los misterios de Dios. De modo que la conducta de un pastor respecto al dinero no va más allá que la que debe caracterizar la buena mayordomía de cualquier creyente.

Lo que pretendo en este escrito, es mostrar a través del ejemplo del apóstol Pablo algunos principios acerca de cómo deben conducirse los pastores y líderes en la iglesia en relación con el dinero, considerando no solo la autoridad, sino la forma de vida del apóstol y, como él mismo nos instruye en 1 Corintios 11:1, "sed imitadores de mí, como yo lo soy de Cristo".

Pablo como ejemplo de contentamiento

Sé vivir humildemente, y sé tener abundancia; en todo y por todo estoy enseñado, así para estar saciado como para tener hambre, así para tener abundancia como para padecer necesidad. Todo lo puedo en Cristo que me fortalece (Fil 4:12-13).

No cabe duda de que el combustible de la avaricia es la falta de contentamiento. No estar conformes con lo que el Señor provee, y aunque este es un principio para todo creyente, lo es mayormente para los que sirven en el púlpito como pastores y administradores del rebaño del Señor.

El propósito del ministerio no es que tengamos estabilidad económica o hacernos ricos. Dios llama a los Suyos para servir con amor, es cierto que algunas garantías deben estar dadas en cuanto al sustento necesario. Finalmente, lo que hacemos lo hacemos para el Señor y es de Él de quien dependemos.

El Señor mismo dio ejemplo no siguiendo las riquezas de este mundo. También lo estableció como principio al ordenar a Sus discípulos no buscar recibir muchos bienes, porque no es esa la meta final del ministerio.

Ver el ministerio como una fuente de ganancias es tener una perspectiva equivocada del llamado de Dios. Los pastores, entonces, deben desarrollar una actitud que reconozca la soberanía de Dios en cualquier circunstancia. Ya sea de eventual abundancia, o de eventual escasez.

En palabras del mismo Pablo a Timoteo: "Pero gran ganancia es la piedad acompañada de contentamiento; porque nada hemos traído a este mundo, y sin duda nada podremos sacar. Así que, teniendo sustento y abrigo, estemos contentos con esto" (1Ti 6:6-8).

Pablo como ejemplo de transparencia

Y no solo esto, sino que también fue designado por las iglesias como compañero de nuestra peregrinación para llevar este donativo, que es administrado por nosotros para gloria del Señor mismo, y para demostrar vuestra buena voluntad; evitando que nadie nos censure en cuanto a esta ofrenda abundante que administramos, procurando hacer las cosas honradamente, no sólo delante del Señor sino también delante de los hombres (2Co 8:19-21).

Después de andar por las iglesias de la región de Macedonia, Pablo se disponía a llevar una ofrenda que había sido recogida durante su viaje para los hermanos necesitados de Jerusalén. Sin embargo, lejos de abusar de su autoridad como apóstol, pide a la iglesia que designe a unos hermanos piadosos que vayan con él para que den testimonio de cómo iba a administrar esta ofrenda entre los santos, considerando que era mucha.

El motivo de Pablo no es otro que cuidar su propio testimonio, y al mismo tiempo, dar un ejemplo de transparencia y honradez.

Esto no se parece mucho a la manera oculta en que muchos pastores actualmente manejan sus finanzas, o en su defecto, están rodeados de familiares o personas de su círculo cercano con quienes administran grandes riquezas y, en muchos casos, a espaldas de la congregación y hasta de las leyes civiles.

No es recomendable para un pastor inmiscuirse en asuntos de dinero en la iglesia. Las iglesias deberían proteger a sus pastores de esto.

No es el pastor o su familia quienes deben contabilizar el dinero o administrar las cuentas de banco, y menos tener las propiedades a su nombre. Esto no es sano para él y tampoco para el testimonio del evangelio.

Creo que hay un problema cuando el liderazgo de una iglesia reserva los informes contables solo para un círculo muy cerrado y reservado Sin presentar con claridad las cuentas a quienes son los aportantes: la iglesia.

Se requiere mucha sabiduría. Cada iglesia tendrá sus propios retos, pero no es algo que deba pasarse por alto o dejarse en el olvido.

Los pastores y las iglesias deben procurar la transparencia y la honestidad en todo esto. Es cierto que podrán llegar a administrarse grandes sumas de dinero, pero esto no puede ser un asunto ajeno a la piedad y la santidad que ha de caracterizar al pueblo de Dios.

Pablo como ejemplo de laboriosidad

Antes vosotros sabéis que para lo que me ha sido necesario a mí y a los que están conmigo, estas manos me han servido. En todo os he enseñado que, trabajando así, se debe ayudar a los necesitados, y recordar las palabras del Señor Jesús, que dijo: Más bienaventurado es dar que recibir (Hch 20:34-35).

Ser pastor es una labor, es un trabajo (1Ti 5:17), y un trabajo arduo ciertamente. Sin embargo, no hay ninguna razón para pensar que el hecho de tener la responsabilidad espiritual del liderazgo de una congregación da cierto derecho a recibir dinero de manera desproporcionada.

Los pastores no son reconocidos económicamente por algo intrínseco al llamado, los pastores son retribuidos por su labor, y dicha retribución debe ser en función de su servicio.

En parte, muchos de los hombres que hoy se hacen ricos a expensas del abuso de la fe, sugieren de manera directa o indirecta que ellos merecen riquezas solo por tener un grado de liderazgo y espiritualidad mayor, si es que existe tal cosa.

Pablo fue un ejemplo de laboriosidad y decidió voluntariamente renunciar a sus derechos salariales a fin de no poner tropiezo al evangelio (1Co 9:12). No estoy diciendo que todos los pastores deben ser bi-vocacionales como lo fue Pablo, mas bien quiero hacer énfasis en la motivación del apóstol: no quería que lo que podía ser la retribución por su trabajo en el Señor (aun cuando fuera justa) se convirtiera en un tropiezo para el evangelio de Cristo.

Él decidió dar en lugar de recibir, mostrando que el fin de la labor ministerial no es recibir abundantes riquezas solo por el hecho de ser pastor, sino servir a la causa del Señor.

Él mismo escribió a Timoteo lo siguiente: "Porque los que quieren enriquecerse caen en tentación y lazo, y en muchas codicias necias y dañosas, que hunden a los hombres en destrucción y perdición; porque raíz de todos los males es el amor al dinero, el cual codiciando algunos, se extraviaron de la fe, y fueron traspasados de muchos dolores" (1Ti 6:9-10).

Las iglesias deben reconocer con justicia el trabajo de los que le presiden en el Señor, esto es un mandato. Y los que presiden, esto es, los pastores, deben servir con gozo y alegría, no quejándose, sino teniendo contentamiento en el servicio.

¿Quién es suficiente para estas cosas? La respuesta es: nadie. Todos estamos expuestos a ver nuestra vida sucumbir ante el abismo de la avaricia, pero siempre podemos acudir al evangelio de Cristo en quien encontramos fortaleza en medio de nuestras necesidades económicas o abundancias (Fil 4:13), y también el mayor ejemplo de la verdadera naturaleza del ministerio pastoral: vivir para servir a otros y no vivir para ser servidos.

El Señor nos ayude a poner toda nuestra vida bajo el señorío de Cristo, y como pastores, no solo imitar el ejemplo de Pablo sino el del Pastor de pastores, nuestro Señor Jesucristo.

Acerca del escritor

Jacobis Aldana es pastor y plantador de iglesias en Santa Marta, Colombia, es Licenciado en Artes y Estudios Teológicos del Miami International Seminary (MINTS). Es director de la fundación de Estudios Bíblicos Alfa y Omega. Jacobis es miembro fundador de la Red de Iglesias Bíblicas del Caribe Colombiano. Está casado con Keila y es padre de Santiago y Jacobo.

Este artículo fue publicado originalmente en **Soldados de Jesucristo**. Usado con permiso.

La carne es débil: Reflexiones pastorales sobre el dominio propio

Aaron Menikoff

Crecí bajo la sombra de Nike (la compañía de zapatos, no la diosa griega). La primera iglesia que visité se encontraba cerca de la oficina principal de Nike en Beaverton, Oregón. Jugué tenis con el hijo del fundador de Nike, Phil Knight, mientras estaba en la secundaria. Y para colmo de males, el dormitorio de mi universidad se encontraba frente a Hayward Field, donde Knight y su entrenador de pista Bill Bowerman probaron el primer par de tenis Nike para correr con suelas hechas en una plancha de hacer *waffles*. En el año 1988, cuando Nike lanzó una campaña llamada "Solo hazlo", yo abracé esa idea por completo. Si trabajas lo suficiente y dedicas el tiempo necesario, puedes hacer cualquier cosa, o eso creía yo.

La experiencia me ha enseñado que la vida es más que sangre, sudor y lágrimas. Todo el entrenamiento del mundo no hará que mi cuerpo de 1.75m de estatura sea uno de los últimos reemplazos en el equipo de baloncesto universitario. No importa cuántas noches en vela pase, Dios no diseñó mi cerebro para que dominara la macroeconomía cuantitativa. Simplemente pregúntale al profesor Ellis quien escribió en mi primera asignación: "Si este trabajo es una evidencia de tu habilidad, dudo que puedas pasar esta clase". ¡Ouch!

Como cristianos, luchamos con esta misma tensión. Por un lado, hay trabajo que hacer. *Debemos* ejercer dominio propio. Por el otro, es un trabajo que *no podemos* hacer. Por más que lo intentemos, ni lo grande, fuertes, rápidos o inteligentes que seamos, simplemente en nuestra carne no tenemos el dominio propio requerido para caminar de una manera digna de nuestro llamado (Ef 4:1). Pero hay esperanza. Afortunadamente, aún cuando la carne es débil, el dominio propio sigue siendo una parte importante del fruto del Espíritu Santo.

¿Qué es el dominio propio?

El dominio propio, expresado de manera sencilla, es la habilidad de observar un trozo de pastel de chocolate y no comerlo, hacer clic de forma accidental en un sitio de Internet explícito y cerrar la ventana inmediatamente, escuchar algunos chismes y terminar la conversación. Cuando la mujer seductora asecha al joven con dominio propio, "he perfumado mi cama con mirra" (Pro 7:17), él huye como José (Gn 39:12). El dominio propio es el rechazo de la tentación y de negarle al pecado que mora en nosotros la autoridad.

No podemos descartar el dominio propio, incluso cuando algunos equivocadamente reducen el cristianismo a una lista de lo que se debe y no se debe hacer. Cuando Pablo, estando en un juicio, compartió el evangelio con Félix, "razonó sobre la justicia y el dominio propio y el juicio venidero" (Hch 24:25). Resistir la tentación no es el evangelio, sino una marca de todos los que verdaderamente lo han abrazado. Pablo más adelante insistió que los cristianos en ocasiones sacrificarán aquellas cosas de las que pueden disfrutar libremente si esto contribuye para ganar a otros para Cristo. Dicha benevolencia requiere dominio propio (ver 1Co 9:25). Pedro estuvo de acuerdo. Los verdaderos creyentes tienen más que conocimiento intelectual. Se caracterizan por el dominio propio, el cual fluye de la fe que Dios les ha dado (2P 1:5-6).

No debería sorprendernos que Pablo concluya su lista de frutos del Espíritu con el dominio propio. Después de destacar el amor, el gozo, la paz, la paciencia, la bondad, la benignidad, la fe, Pablo quiere que nos pongamos manos a la obra. Cualquier cosa que nos impida amar a los demás o ser amables debe ser eliminada. Pero los deseos de la carne no serán reducidos sin luchar. Caminar en amor y gozo no será fácil. Necesitamos el dominio propio. Pablo lo pone de la siguiente manera: "pero los que son de Cristo han crucificado la carne con sus pasiones y deseos" (Ga 5:24). La presencia del dominio propio lo prueba.

La lucha por el dominio propio

El fruto del Espíritu en tu vida no vendrá sin luchar. Hay una razón por la que Jesús dijo: "si alguno quiere venir en pos de mí, niéguese a sí mismo, tome su cruz cada día, y sígame" (Lc 9:23). La vida cristiana es difícil. No hay un camino fácil, ni una entrada amplia. Nos encontraremos en guerra contra el pecado, ensangrentados y golpeados, antes de que sea ganada la última batalla y las lágrimas se hayan ido (Ap 21:4).

Cuando se le ocurrió el lema "Solo hazlo", los ejecutivos de publicidad de Nike aprovecharon una verdad muy conocida incluso por las mentes paganas: nada que merece la pena tener se obtiene sin pagar un precio. Esta es una verdad para los corredores olímpicos, los que ganan el premio nobel, los padres excepcionales y los cristianos ordinarios. El pastor Kevin DeYoung notó como "el crecimiento en santidad requiere del esfuerzo de parte del cristiano".[18] El antiguo puritano, Thomas Watson, utilizaba un lenguaje violento para hablar del mismo punto cuando encargaba a los creyentes a "derramar sangre por cada pecado".[19]

No soy el primero en afirmar que somos propensos a caer en la tentación antes de que la batalla realmente comience. Caemos en pecado sin haber sacado nuestra espada e intentar cortarle la garganta. Racionalizamos: "*Solo estoy observando*". Ponemos excusas: "No *inicié* la conversación". Damos por hecho que la gracia de Dios aplica a nosotros en ese caso: "Sé que Dios me perdonará, después de todo Él es *Dios*".

Hace unos años, un joven se sentó en mi oficina y compartió su testimonio. Él no estaba acostumbrado a hablar sobre su fe. Indagué sobre su vida y doctrina (1Ti 4:16). Quería saber no solo lo que creía, sino como estas creencias daban forma a su manera de vivir. Él habló sobre su relación con una chica y admitió rápidamente haber llegado muy lejos. El no mostró ninguna tristeza por eso, y cuando le pregunté cómo relacionó sus acciones con el llamado bíblico a la pureza, sonrió y dijo: "Jesús entiende, Él sabe lo difícil que es estar soltero".

Es fácil para mí ver a este joven como inferior, aún mientras escribo sobre esa conversación. Este hombre era inmaduro; ¡quizás ni siquiera era cristiano! Y aún así, tristemente sé lo que es dar por hecho que Dios me mostrará Su gracia en mi pecado. Permitir que mis ojos y mis pensamientos deambulen por lugares que manchen mi lecho matrimonial (Heb 13:4). Permitir que mi boca hable muchas cosas, sin preocuparme por el fuego que estoy encendiendo (Stg 3:6). Permitir que mis oídos escuchen el chisme, sin tener amor por el hermano o hermana que está siendo juzgado por las palabras críticas. En cada caso, he tomado el camino de la menor resistencia y doy por hecho la gracia de Dios, en lugar de tratar de "derramar sangre por cada pecado". Lo he permitido. Tener dominio propio es luchar contra la tentación y matar el pecado. No solo un día sino cada día. No solo una hora, sino cada hora.

---

18   Kevin DeYoung, *The Hole In Our Holiness* [*Una grieta en tu santidad*] (Wheaton, Ill.: Crossway, 2012), 88.

19   Thomas Watson, *The Godly Man's Picture* [*La imagen de un hombre piadoso*] (Carlisle, Penn.: Banner of Truth, 1992), 153.

El fruto del dominio propio

Es bueno recordar la lucha por el dominio propio. Debo luchar más. Pero la lucha no es toda la historia. El dominio propio es tanto un llamado a la acción como un don que debe ser recibido. El dominio propio es una parte del fruto del Espíritu. Hasta que esto no es comprendido profundamente, nunca iremos a Dios en busca de ayuda. Nunca viviremos con la confianza de que Él proveerá.

Cuando surgió la Reforma, Martin Lutero predicó un sermón sobre la justicia de Cristo. El la llamó justicia ajena porque no pertenece al cristiano de manera natural. Es la justicia *de Cristo*. Le pertenece a Él. La gracia significa que esta justicia puede ser nuestra solo a través de la fe en Cristo. "Todo eso se convierte en algo nuestro" dijo Lutero, y no solo eso, "Él mismo viene a ser nuestro".[20] Por medio de la fe, Cristo se da a Sí mismo a nosotros. Y con Él, nos da el poder para vencer el pecado en nuestra vida.

Es a través de este lente teológico que Lutero entendió el fruto del Espíritu. Es solo por la justicia de Cristo acreditada a nuestra cuenta, que podemos "tener una vida que produce buenas obras… haciendo morir la carne y crucificando los deseos del yo".[21]

---

20 *Martin Luther: Selections from His Writings* [*Martín Lutero: selección de sus escritos*], ed. John Dillenberger (New York: Anchor Books, 1962), 87. De un sermon predicado quizás en el año 1519.

21 Ibid., 88.

En resumen, ¿quieres tener dominio propio? Observa a Cristo. Confía en Su muerte y resurrección. El dominio propio que practicamos—muchas veces a la fuerza y a medias—es realmente "el fruto y la consecuencia" de la obra de Cristo a favor nuestro. Estas son las buenas nuevas. El dominio propio es un don y una promesa para cada hijo de Dios. Él no solo nos ordena que obedezcamos; nos equipa para ello. Él hace más que dirigirnos hacia donde tenemos que caminar; nos lleva hacia allá. Dios hace más que darnos Su Palabra para guiarnos; nos llena de Su Espíritu y nos dirige.

Conozco mi propia alma, y una de las razones por las que a veces caigo en tentación antes de que la lucha realmente comience es porque fallo en recordar el poder del Espíritu en mi vida. El dominio propio es como una montaña muy alta para escalar, hasta que recuerdo que Cristo ya lo hizo por mí. La santidad parece una habitación muy aburrida como para entrar en ella, hasta que recuerdo que Cristo murió por mí para limpiarme de mi pecado.

El dominio propio es posible porque el espíritu es poderoso

Aprendí hace tiempo que "Solo hazlo" puede ser un buen lema para el mayor fabricante de ropa deportiva del mundo, pero es un lema horrible para la vida cristiana. Sin embargo, es una lección que necesito recordarme

diariamente. No comencé la vida cristiana con mi propio esfuerzo, y ciertamente no puedo caminar en el Espíritu por el poder de mis propios medios. El dominio propio no es el producto de un verdadero valor personal, es una parte del fruto del Espíritu. No puedo ejercer más dominio propio por mí mismo, de lo que puedo arrepentirme por mí mismo. Charles Spurgeon, el príncipe de los predicadores lo expresó muy bien cuando dijo:

¿Alguna vez has tratado de arrepentirte? Si es así, si has tratado de hacerlo sin el Espíritu de Dios, sabes que forzar a un hombre a arrepentirse sin la promesa del Espíritu para ayudarlo, es forzarlo a hacer algo imposible. Una roca puede llorar tan pronto, y un desierto puede florecer tan pronto, como un pecador pueda arrepentirse por su propia voluntad. Si Dios le ofreciera el cielo al hombre, simplemente bajo términos de arrepentimiento de pecado, el cielo sería tan imposible como lo es a través de las buenas obras; porque un hombre no puede arrepentirse por sí mismo, así como no puede cumplir perfectamente la ley de Dios; porque el arrepentimiento implica el principio de obediencia perfecta a la ley de Dios. A mí me parece que en el arrepentimiento toda ley es solidificada y condensada; y si un hombre puede arrepentirse por sí mismo entonces no hay necesidad de un Salvador. Él puede también subir al cielo por los lados empinados del monte Sinaí.[22]

Ahora, si leemos nuevamente las palabras de Spurgeon pero reemplazamos "arrepentimiento" con "tener dominio propio", sin el Espíritu de Dios *no podemos* hacerlo. El dominio propio es requerido; es un deber. Pero solo aquellos que tienen el Espíritu pueden tener dominio propio.

¿Qué sigue?

¿Quieres ver el fruto del Espíritu manifestarse en tu vida? ¿Quieres crecer en amor, gozo, paz, paciencia, benignidad, bondad, fe, y mansedumbre? ¡Yo sé que quiero hacerlo! ¿Cómo podemos crecer de esta manera? ¿Cómo podemos tener más dominio propio?

Recuerda la cruz. Cuando los pecados de odio y ansiedad, dureza e impaciencia están en nuestra cabeza, debemos estar dispuestos a sacar la espada y "derramar sangre por cada pecado". Solo podemos hacer esto si recordamos que Cristo derramó voluntariamente Su propia sangre para que pudiéramos morir al pecado y vivir en justicia. Sin una mente enfocada en la cruz, tu dominio propio será poco más que auto ayuda, y no durará.

Abraza la lucha. No caigas en la trampa de pensar que una vida marcada por el dominio propio —o *cualquier* parte del fruto del Espíritu— será fácil. No lo será.

22   C. H. Spurgeon, "The Necessity of the Spirit's Work" ["La necesidad de la obra del Espíritu"] en *The New Park Street Pulpit* [*El nuevo púlpito de Park Street*], vol. V (London: Passmore & Alabaster, 1859), 215.

Hay muchos pasajes que nos recuerdan que la vida cristiana es una batalla dolorosa (ver Ro 8:13; Col 3:5; 1Co 9:24-25, por mencionar algunos).

Trae a la luz la batalla más feroz. Aunque es verdad que todas nuestras tentaciones son comunes (1Co 10:13), también es cierto que cada uno de nosotros tiene luchas que son únicas. Algunos luchan con la glotonería, otros con el chisme. Algunos luchan con la pornografía, otros con los videojuegos. ¿Dónde está la batalla por el dominio propio siendo más dura en tu vida? Esto es lo que necesitas compartir con un amigo piadoso en quien confías. Sácalo a la luz y encontrarás hermanos y hermanas que luchan contigo y por ti.

Clama al Espíritu. Necesitas la ayuda de Dios para odiar tu pecado, para afligirte por su presencia en tu vida, para arrepentirte de su influencia en tu vida, y para equiparte para vivir sin él. Esta es una oración que Dios responderá con seguridad. Ora fervientemente (Lc 18:1-8). Ora con confianza (Ro 8:32). Ora diariamente (Lc 5:16). Si el dominio propio falta en tu vida, ¿podría ser porque hace falta la oración? "Velad y orad" dijo Jesús, "para no caer en tentación. El espíritu está dispuesto, pero la carne es débil" (Mt 26:41).

De todas las partes del fruto del Espíritu, esta es en la que más quiero enfocarme. No porque es la más importante, cada una es igual de importante. De hecho, todas caminan juntas, como una hermosa sinfonía. Y aún así, el dominio propio es el hilo que las une. Muéstrame un cristiano donde fluye el dominio propio, y veré a alguien lleno de amor, gozo, paz, paciencia, bondad, benignidad, fe y mansedumbre.

Los pastores necesitan dominio propio

Predicar sobre el dominio propio es más fácil que ponerlo en práctica. Hermanos pastores, no olvidemos que cada uno de nosotros está en necesidad desesperada de santidad, y no solo porque necesitamos ser buenos ejemplos para el rebaño (Lc 6:40), sino porque sin santidad *no veremos* al Señor (Heb 12:14). El momento en que nos preocupamos más por nuestra reputación que por nuestra alma, hemos perdido la batalla y estamos camino a perder la guerra.

Dios es invencible, pero yo no (1Co 10:12). Puedo caer y naufragar en mi fe (1Ti 1:19). Sé que el Espíritu Santo está en mí, y descanso en el hecho de que con la ayuda de Dios soy fuerte. Pero descansar en esta verdad no me lleva a tener menos luchas, sino que me impulsa a luchar más.

Por esta razón, estoy comprometido con ser un libro abierto con los ancianos con quienes sirvo. Pero una disposición a ser abierto solo cuando se nos pregunta no es suficiente, por lo menos no para mí. Por tanto, tomo la iniciativa de confesar mis pecados a un anciano en particular. Él no es mi sacerdote o mediador, no garantiza ningún perdón de pecado. Aún así, sé cómo los pastores son tentados a esconderse. Frecuentemente quiero que las personas piensen que *nunca* me falta dominio propio. Ese es un deseo peligroso, y es algo que elimino al compartir mis faltas con un hermano que respeto, un hombre que me ayudará a permanecer sintonizado con cualquier señal de "un corazón malo, incrédulo" (Heb 3:12).

Pastores, no permitan que una meditación sobre el fruto del Espíritu sea una excusa para librarlos del arduo trabajo de erradicar las "obras de la carne" (Gal 5:18). Hazlo por el bien de tu familia y tu congregación. Pero también busca la santidad por el bien de tu propia alma.

Acerca del escritor

Aaron Menikoff es el pastor principal de Mt. Vernon Baptist Church en Sandy Springs, Georgia, Estados Unidos.

"¿Qué quieres?": Reflexiones pastorales sobre la fidelidad

Aaron
Menikoff

La ambición intoxica. Hace algunos años estuve cerca de ser publicado por dos casas editoriales académicas destacadas. No estoy seguro qué me molestó más: si el hecho de que ambas editoriales me rechazaron o el hecho de que me preocupé mucho.

Aún ahora, no me gusta pensar en eso. ¡Qué preocupación tan insignificante! Conozco un hermano afgano que trabaja para ayudar a la iglesia clandestina en Kabul. Estoy orando por una hermana que está luchando con el cáncer. Mi temblor personal no se registra en la escala Richter, pero no puedo cambiar el hecho de que el rechazo duele. La ambición intoxica. Las ambiciones no cumplidas aparentan ser devastadoras.

Traté de ponerle un nombre a mi descontento para hacerlo ver como algo piadoso. Después de todo, ser publicado por una editorial de alto perfil hubiera significado un mayor respeto. Un mayor respeto hubiera significado una plataforma más amplia. Una plataforma más amplia hubiera significado una audiencia mayor. Y una audiencia mayor hubiera significado un mayor impacto en el evangelio, y así sucesivamente. Buen intento. El hecho está en que me preocupé más por mi fama que por la de Dios.

El renombrado autor David Foster Wallace no buscó esconder su ambición. Un entrevistador una vez le dijo: "El respeto significa mucho para ti". Wallace respondió: "Muéstrame a alguien a quien no le guste ser respetado, no creo estar más hambriento de respeto que la gente promedio". Tal vez tiene razón. Pero por la gracia de Dios, los cristianos deben ser diferentes. Debemos estar hambrientos de la gloria de Dios y no de la nuestra. Conozco mi corazón, y por un tiempo quise ser más exitoso que fiel. Y cuando miro hacia atrás, me doy cuenta de que fue bueno que Dios no permitiera que el libro se publicara. Él me enseñó la importancia de anhelar la fidelidad, un fruto precioso del Espíritu (Ga 5:22).

¿Te identificas con eso?

Wallace y yo no estamos solos. Existe una razón por la que tantos libros están llenos de personajes frustrados. Michael Henchard de *The Mayor of Casterbridge* perdió su dinero y su oficina. Willy Loman de *Death of a Salesman* quiso ser más de lo que era. Aún la virtuosa Lucy de Narnia se convenció a sí misma de que hubiera sido mejor para ella ser como su hermana mayor, Susan. Tal vez te identificas con esto. ¿Alguna vez has luchado por tener riqueza, prominencia o belleza —parámetros mundanos de éxito— solo para terminar con las manos vacías? ¿Cuántos niños, cuando se les pregunta qué quieren ser cuando sean mayores, responden "quiero ser fiel"? Creo que no son muchos.

Ambición piadosa

Existe la ambición piadosa. Dave Harvey nos advierte que no matemos ese deseo dado por Dios de alcanzar un objetivo. Él lo llama "la motivación instintiva de aspirar a cosas, de hacer que algo suceda, de tener un impacto, de ser parte de algo en la vida". Los cristianos no deben perder el deseo de lograr algo grande. Harvey da en el clavo cuando dice que "la humildad, correctamente entendida, no debería ser un suavizante de nuestras aspiraciones".

Lo último que quiero hacer es quitar tu motivación para realizar las acciones visionarias que caracterizan a un verdadero creyente. Después de todo, no existe la falsa humildad. Quien cree en la falsa humildad dice con una sonrisa: "Mírame. No estoy tratando de hacer algo grande porque no quiero llamar la atención. ¿No quieres ser tan humilde como yo?". En lugar de esconder tus talentos: "Espera grandes cosas de Dios, procura grandes cosas para Dios". Hay mucho espacio en la vida cristiana para la ambición piadosa.

Desafortunadamente, es tan fácil *decir* que procuras grandes cosas para Dios cuando realmente buscas grandes cosas para ti mismo. Antes de que puedas darte cuenta, el deseo de fama personal quita el celo por la gloria de Dios. ¿Cómo puedes saber si tu ambición es piadosa o pecaminosa? Nuestras motivaciones nunca serán puras de este lado del sol. El pecado que mora en nosotros hace que esto sea así. Sin embargo, podemos y debemos buscar la fidelidad, dejándole los resultados a Dios.

¿Qué es la fidelidad?

Básicamente, los fieles son simplemente aquellos "llenos de fe". La palabra del griego traducida "fiel" en el Nuevo Testamento generalmente se refiere a confianza en el Rey Jesús crucificado, resucitado y que reina. De hecho, el pueblo de Dios siempre ha puesto su confianza en Dios. Cuando Pablo dijo que Abraham "creyó contra esperanza, de que se convertiría en padre de muchas naciones" (Ro 4:18), lo que quiso decir fue que Abraham fue fiel, aferrándose a las promesas de Dios a pesar de que lo contrario era lo evidente. Poniéndolo de manera simple, la persona fiel confía en Dios; cree en Su Palabra.

Sin embargo, la fidelidad tiene otro significado que se relaciona con ella. Aquellos que están llenos de fe son dignos de confianza. La persona fiel tiene una trayectoria probada de obediencia a Dios. Los estimados miembros de Hebreos 11 dieron ejemplo de fidelidad de diferentes maneras, incluyendo negarse a retractarse aún bajo el fuego (Heb 11:26-38). Cuando Pablo explicó cómo "peleó la buena batalla" y "mantuvo la fe" (2Ti 4:7), describió la fidelidad al Señor. En la parábola de los talentos, aquel que sabiamente administró la propiedad de su amo fue llamado "siervo fiel" (Mt 25:23). De la misma manera, el cristiano que administra sabiamente el evangelio es también llamado fiel. La fidelidad se muestra de diferentes maneras prácticas y hermosas:

- Apartando tiempo para meditar en las Escrituras teniendo una agenda ocupada (Sal 1:2).
- Levantándose temprano y trabajando duro todo el día para llevar provisión a tu familia (1Ti 5:8).
- Hablando bien de Cristo en un trabajo en el que se burlan de él (Mt 10:33).
- Presentándose en la puerta de la viuda para arreglar su cerca (Stg 1:27).
- Enseñando la Biblia cada semana a un grupo pequeño (2Ti 4:2).
- Aferrándose al evangelio cuando aquellos a tu alrededor lo están suavizando (Ga 1:8).
- Corrigiendo gentilmente a tus hijos cuando dentro de ti quisieras gritarles (Ef 6:4).
- Llegando temprano al servicio para poder motivar a los santos (Heb 10:25).
- Sometiéndote a tu esposo cuando piensas que está equivocado (Ef 5:22).
- Liderando a tu esposa humilde y sacrificialmente (Ef 5:25).
- Dando tiempo y dinero a un vecino en necesidad (Lc 10:37).

Estas son solo algunas de las características de una vida llena del Espíritu y fidelidad. El mundo se preocupa más por los reconocimientos y la popularidad, las propiedades y los beneficios, el encanto y el brillo. Dios se preocupa más por la fidelidad, el firme compromiso de honrar al Señor de mil maneras simples. ¿Cómo puedes estar seguro de que Dios se preocupa por esto? Porque Jesucristo, Dios encarnado, dejó el cielo por una vida de fiel obediencia que terminó en una cruz. La fidelidad no es nada más —o menos— que la semejanza a Cristo.

Mi corazón cambió

No hay nada de malo en estar decepcionado, pero cuando el editor me dio malas noticias la molestia fue mayor de lo que debió haber sido. Claramente me preocupé más por ser destacado que por ser útil. No sucedió de la noche a la mañana, pero a lo largo del camino algo hizo que mi corazón cambiara. Eso apartó mi vista de la fidelidad a mi Salvador y la puso en mí mismo.

Por lo menos estoy en buena compañía. Salomón oró y recibió sabiduría de Dios. Con esta sabiduría solucionó disputas, administró un reino y supervisó la construcción de la casa de Dios. Salomón pidió sabiduría para poder gobernar con justicia. Dios, como a veces hace, le dio mucho más: "el rey Salomón fue mayor que todos los reyes de la tierra en riquezas y en sabiduría. Y toda la tierra buscó la presencia de Salomón para escuchar su sabiduría" (1R 10:23-24). Él lo tenía todo: sabiduría, riquezas y prestigio. Pero en algún lugar del camino, su corazón cambió. Salomón comenzó a creer en su propia fama. Aunque hubo un tiempo en que exaltó el nombre del Señor por encima de su propia fama (ver 1R 10:1), eventualmente descuidó la Palabra de Dios, desobedeció los mandatos de Dios y permitió que el reino reflejara su propia gloria, no la de Dios. Al acumular riquezas y esposas —todo desafiando a Dios (Dt 17:14-20)— Salomón probó que amaba el éxito más que la fidelidad.

Agradecido por el fracaso

Salomón perdió su reino; yo solo perdí mi orgullo. Cuando miro hacia atrás, me siento agradecido de que mi libro haya sido rechazado. Dios tiró un vaso de agua fría en mi cara, recordando que Él es importante, no yo. Viéndolo bien, fue una prueba pequeña. Pero fue *mi* prueba, y Dios la usó para mi bien.

Más que eso, Dios puso en mi alma lo que todo cristiano debe saber. En su economía divina, las medidas del éxito no son la cantidad de seguidores, los "me gusta" o lo mucho que eres mencionado en las redes sociales. No es el número de cartas con tu nombre, los libros en tu librero, o lo rápido que puedes correr un kilómetro (a mi edad, no muy rápido que digamos). Los cristianos, más que todos los demás, deben entender esto. Nuestro valor no se encuentra en lo que hacemos, sino en el perfecto amor de un Salvador condenado en nuestro lugar. Y el fruto del Espíritu no es el éxito, sino la fidelidad.

"Lo que uno persigue"

Wallace, el gran escritor americano, se suicidó en el 2008 a los 46 años. Luchó con la depresión por años y no pudo encontrar una salida. Él alcanzó el éxito del mundo muy temprano en la vida —todo el mundo quería publicar sus libros— pero eso no fue suficiente para calmar su ambición. En la entrevista donde admitió que quería respeto, también confesó que no sabía dónde encontrarlo. "Mi mayor problema", dijo, "es que realmente no he alcanzado un gran éxito, y soy un poco abierto a considerar las sugerencias de lo que debo hacer para obtenerlo".

Wallace, al igual que Salomón, tuvo el mundo en la palma de su mano, pero no pudo vencer la desesperación que había en su cabeza. La ambición mundana, el deseo carnal por el éxito, es un autobús con dos paradas. Una parada es el fracaso, llegas sabiendo que no alcanzaste lo que querías. La otra parada es el éxito, llegas pero no te satisface. desembarcas solo para buscar otro grna éxito que no te dejará satisfecho. Independientemente de la manera en que lo veas, la ambición mundana es un autobús que no lleva a ninguna parte. Lo que persigues tiene importancia. Los cristianos son llamados a perseguir a Cristo. Amarlo, desearlo, seguirlo con toda su vida. ¿Cómo es esto? La fidelidad: el compromiso firme con honrar a Dios en los detalles insignificantes de la vida diaria.

¿Cómo puedes crecer en fidelidad?

Ahora más que nunca la iglesia necesita modelos de fidelidad. Estamos siendo bombardeados por imágenes retocadas de éxito. Menosprecian la fidelidad y elogian la fama. ¿Cómo podemos crecer en nuestra búsqueda de la fidelidad?

- Cree en el evangelio. Solo aquellos que han puesto su fe en la obra expiatoria de Jesucristo pueden ser hallados fieles. ¿Hiciste eso? Somete tu vida a Cristo. Confía en Él para tu salvación. Cree que Él murió en la cruz por tus pecados y resucitó de la muerte para tu justificación. Sin fe, es imposible alcanzar la fidelidad.
- Reformula tu concepto del éxito. Una cosa es *decir* que el éxito es una vida de obediencia a Cristo, una vida de fidelidad. Otra es *vivir* de esa manera. Considera la manera en cómo reaccionas cuando no obtienes lo que deseas. Tal vez tu corazón no ha alcanzado tu definición mental del éxito. Si ves el éxito como tener una linda familia, una carrera estable o una iglesia grande entonces has aceptado la medida equivocada del mundo. Es tiempo de reformular el éxito.
- Si estás en el ministerio, puedes escuchar el mensaje de Mark Dever titulado "Endurance Needed: Strength for a Slow Reformation and the Dangerous Allure of Speed" ["Se necesita resistencia: Fuerza para una reforma lenta y el peligroso encanto de la velocidad"].[23] Es un buen recordatorio de que la ambición mundana envenena el pastorado.
- Trabaja. La fidelidad es un don del Espíritu, pero también es trabajo duro. Revisa la lista que está arriba. Realizar esas tareas no es el camino al cielo; somos justificados por gracia solo por medio de la fe en Cristo. Pero si Dios nos ha dado una nueva vida, si Él ha cambiado nuestros corazones, entonces haremos lo que sea necesario para obedecer Sus mandatos.
- Deja los resultados a Dios. Pablo escribió: "yo planté, Apolos regó, pero el crecimiento lo da Dios. Así que ni el que planta ni el que riega es algo, sino solo Dios que da el crecimiento" (1Co 3:6-7). El llamado a la fidelidad no es un llamado a la pereza, sino que es un llamado al descanso. Somos seres finitos. Podemos escribir el mejor libro, y nunca encontrar un editor. Podemos trabajar tan duro como podamos, y nunca recibir un ascenso en el trabajo. Podemos compartir el evangelio miles de veces, y nunca ver a alguien convertirse. Nuestro trabajo es ser fieles. El resto le corresponde a Dios.

---

23 Puedes acceder a ese sermón en el siguiente sitio web: http://t4g.org/resources/*2016/04/endurance-needed-strength-for-a-slow-reformation-and-the-dangerous-allure-of-speed/

Acerca del escritor

Aaron Menikoff es el pastor principal de Mt. Vernon Baptist Church en Sandy Springs, Georgia, Estados Unidos.

5 maneras en que los pastores pueden preparar a sus iglesias para el sufrimiento

Dave
Furman

Pastores, es inevitable que los miembros de su congregación sufran. D.A. Carson ha dicho: "Todo lo que tienes que hacer es vivir el tiempo suficiente y sufrirás". Mientras intentas pastorear a tu congregación, no esperes hasta que llegue el sufrimiento. No empieces a preparar a la gente para la muerte en la Unidad de Cuidados Intensivos.

Hay varias cosas que podemos hacer como pastores para preparar a nuestras iglesias para el sufrimiento en este momento. A continuación he enumerado cinco.

1. Pastores, sigan predicando expositivamente

La predicación expositiva se asegura de que el punto del pasaje sea el punto del sermón. Normalmente, esta también incluye exponer diferentes libros de la Biblia, pasaje por pasaje. Al hacer esto, el pastor asegura una dieta bíblica para sus miembros: un bufet de enseñanza de los libros históricos, poéticos, proféticos, los Evangelios, las epístolas y el material apocalíptico.

Al rotar regularmente su calendario de predicación, por necesidad se encontrará en todas las áreas de la vida cristiana, incluido el sufrimiento. Además, al predicar de manera expositiva, es más probable que compartas con la congregación lo que Dios tiene que decir sobre el sufrimiento en lugar de consejos de tu propia experiencia limitada.

2. Pastores, no olviden predicar el Antiguo Testamento

No te olvides de cuánto tienen que enseñarnos los libros del Antiguo Testamento acerca de las pruebas. Al predicar a través de Génesis, 1 y 2 Reyes, Jeremías y Job, resaltarán para los creyentes la vida de personas que confiaron en Dios en medio del sufrimiento.

Los héroes de las Escrituras no son los héroes de las películas de cómics que vemos hoy. David dijo una vez que regularmente inundaría su cama de lágrimas. Job maldice su propio nacimiento y piensa que él y el mundo habrían estado mejor si hubiera muerto. Elías quería morir cuando Acab y Jezabel iban tras él. Bajo la carga agotadora del liderazgo, Moisés le pidió a Dios que le quitara la vida. Jeremías ha sido llamado el profeta llorón por su falta de fruto.

Estos hombres son los héroes de la Biblia, y cada uno sufrió. Así que pastores, expongan estas Escrituras para su congregación regularmente.

3. Pastores, hagan de la iglesia un lugar seguro para hablar sobre el dolor

Como se ha dicho a menudo, la iglesia no es un museo de santos, sino un hospital para los que sufren. Nuestros miembros necesitan saber esto. Necesitan saber que no serán rechazados por su debilidad, pero que el sufrimiento es una parte tristemente "normal" de este mundo caído. Necesitan saber que no se les pedirá que se arrepientan cuando admitan que están sintiendo dolor mental o emocional.

Una de las mejores maneras de hacer de la iglesia un lugar seguro para los que sufren es que los pastores se muestren abiertos acerca de su propio sufrimiento. Claramente, el enfoque en el sermón y el servicio de adoración debe estar en Jesús. Pero cuando sea apropiado, los pastores deben sentirse libres de compartir sus propias luchas. Puede ser al compartirlas en un servicio vespertino o pedir oración a la congregación en los momentos apropiados. El objetivo es no hacer que sea anormal o incómodo para los miembros de la iglesia presentar sus propias luchas ante el cuerpo.

4. Pastores, hablen mucho del cielo

Nuestras congregaciones necesitan saber que su mejor vida no es ahora. Necesitan saber que Jesús regresará y corregirá todo lo malo. Entonces, pastores, dirijan a su gente con regularidad a Apocalipsis 21 y 22, donde Jesús limpiará cada lágrima de nuestros ojos y la muerte ya no existirá, tampoco lo hará el luto ni el llanto. En este día, la alegría eterna nos visitará y nunca se irá.

La enseñanza en el cielo no puede consolar automáticamente a una persona que sufre. Pero es mucho más fácil tener esta rica doctrina en tu corazón antes de que lleguen las pruebas, en lugar de intentar inyectarla en medio de un sufrimiento intenso.

5. Pastores, construyan una cultura de cuidado, comenzando ahora

Efesios 4:7 nos dice que Cristo le da a cada creyente los dones y habilidades para servir y cuidar a los demás. En otras palabras, cuidar del dolor no es el único trabajo de los ancianos, sino de toda la congregación.

Con esto en mente, podría ser sabio animar a ciertos miembros que tienen talento para esto a inspirar y guiar a otros miembros para que ayuden a los que sufren. Quizás esto muestre la importancia de tener una cultura de cuidado mutuo. Tal vez comience a ser normal que un miembro ayude a otro. En nuestra iglesia tenemos a una diaconisa del cuidado de los miembros que ha formado un equipo de miembros de la iglesia que juntos cuidan las necesidades de la congregación. Si puedes comenzar una cultura de atención hoy, estarás listo cuando venga el sufrimiento y la tragedia.

Acerca del escritor

Dave Furman es el pastor principal de Redeemer Church de Dubai, que tiene miembros de más de 60 países.

El ministerio glorioso del pastor bivocacional

Julio Crespo

La alarma sonó y no podía creer que ya era hora de levantarme. Miré mi reloj y eran las 4:30 a.m. Me puse a orar y le pedí a Dios fuerzas para ese día, perdón por mis pecados y sabiduría para todo lo que tenía delante. Me bañé y vestí para desayunar y tener mi devocional con mi esposa quien se levantó porque mi alarma sonó como tres veces antes de que me levantara. Fui rumbo a mi trabajo que está a 45 minutos de distancia manejando, y por el camino escuché el sermón de una conferencia.

Llegué a mi trabajo a las 6:00 a.m. y mi secretaria me dio el programa del día: tres reuniones, dos asuntos de empleados y la inspección de un equipo nuevo. El día laboral terminó a las 2:30 p.m. y fui directo a la iglesia porque tengo dos consejerías, un estudio y una conversación con uno de los diáconos sobre problemas del edificio. Por fin me fui a casa a las 8:00 p.m. para pasar tiempo con

mi esposa e hijos. La familia se acuestó a dormir como a las 10:00 p.m. y después tuve que estudiar para los sermones del domingo (que tenía que predicar en inglés y en español).

Así eran los días de mi vida, tres o cuatro veces en la semana como un pastor bivocacional. Sin mencionar la oración congregacional de los miércoles, servicios los domingos y a veces las diferentes reuniones los sábados. Esto lo hice durante diez años.

La realidad para muchos pastores bivocacionales es mucho trabajo, poco descanso y mínimo fruto. Según una estadística de la Convención Bautista del Sur casi 50% de los pastores son bivocacionales en estados como Alabama y Arkansas. También 37,000 iglesias en la misma Convención tienen menos de 125 personas lo que explica el porqué de tantos pastores bivocacionales. En Oklahoma,

85% de los pastores hispanos son bivocacionales.

Quizá eres es un pastor bivocacional o miembro de una iglesia donde tu pastor tiene dos trabajos a tiempo completo (pastorado y trabajo secular). Si es así, permíteme darte unos consejos que me ayudaron a no llegar a la locura y a deleitarme en el ministerio bivocacional.

1. No codicies lo que otras iglesias tienen

A veces nos enteramos del ministro de música que tiene otra iglesia, o cuántos maestros de escuela dominical tiene la iglesia en el otro lado del pueblo. La tentación es que tengamos celos ministeriales y empecemos a forzar en la iglesia cosas que no están ahí. La gente no está capacitada, pero la obligamos porque "necesitamos" ese ministerio. Ponemos personas en el grupo de música que no deberían cantar, y ponemos a enseñar personas que no deberían enseñar. Mi consejo, hermano, es que estés contento con lo que tienes y trabajes con lo que Dios te ha dado. Es muy tentador tener envidia del pastor que está a tiempo completo y que tiene una iglesia más grande que la tuya. La codicia muere cuando estamos contentos con lo que Dios nos ha dado. "Pero la piedad, en efecto, es un medio de gran ganancia cuando va acompañada de contentamiento. Porque nada hemos traído al mundo, así que nada podemos sacar de él. Y si tenemos qué comer y con qué cubrirnos, con eso estaremos contentos" (1Ti 6:6-8).

2. Ten paz con las cosas que no puedes hacer en tu iglesia

El tiempo del pastor bivocacional es limitado y muchas cosas no se podrán hacer. Tres cosas son esenciales en el ministerio pastoral: la preparación y predicación de la Palabra, pastorear o cuidar las ovejas y la oración. Todo lo demás es secundario. Enfócate en ser excelente en estas tres cosas y, para lo demás, ten paz si no se puede hacer. "El dio a algunos el ser apóstoles, a otros profetas, a otros evangelistas, a otros pastores y maestros, *a fin de capacitar a los santos para la obra del ministerio, para la edificación del cuerpo de Cristo*" (Ef 4:11-12, énfasis añadido).

3. Sé selectivo en qué puedes y qué no puedes hacer fuera de la iglesia

Estamos viviendo en una era de conferencias. Parece que cada semana hay una conferencia a la que es necesario ir. Sé realista con lo que puedes hacer y con lo que no puedes hacer; en otras palabras, no tienes que ir a todas las conferencias. Muchas de ellas pueden ser escuchadas en línea. Sé selectivo porque para ir a esas conferencias posiblemente tendrás que usar tu tiempo de vacaciones. Asegúrate de tomar tiempo para el descanso y vacaciones con tu familia. Nunca olvides que tu familia es tu principal ministerio.

4. Organiza bien tu tiempo

Una cosa que el pastor bivocacional debe aprender es a decir "no" a muchas cosas. El corazón servidor de un pastor puede llevarlo a hacer más de lo que su tiempo le permite. Su tiempo debe ser distribuido en lo siguiente: su relación con el Señor (estudio bíblico, devocional, oración), familia, iglesia (pastorado) y trabajo. Organiza tu vida para que puedas ser efectivo en estas áreas. Hay ocasiones, hermano pastor, cuando tienes que decirle a una oveja que no puedes atenderlo porque estás pasando tiempo con tu hijo. Además de organizar tu tiempo, debes quitar o modificar las distracciones en tu vida, por ejemplo: las redes sociales pueden robar horas de tu día. Te aconsejo que aprendas a vivir con un calendario para que tengas tus citas en orden y puedas organizarte bien.

5. Pide ayuda

Uno de los pecados más fuertes en nosotros, los pastores, es el orgullo ministerial. Mentimos acerca de la membresía, nos jactamos de la efectividad de la iglesia en la comunidad y exageramos acerca de los ministerios que tenemos. Son pocos los pastores que pueden reconocer sus limitaciones, humillarse y pedir ayuda a otros pastores. No hay nada malo en pedir ayuda ya sea a otro pastor, a la asociación o convención de tu denominación u otros miembros de tu iglesia. El pastor bivocacional necesita mucha ayuda y hay un gran número de iglesias con gran cantidad de recursos (personas y dinero) que quieren ayudar.

6. Haz tu trabajo con excelencia para agradar a Dios

El apóstol Pablo dice a los siervos en Efesios 6:5-9:"Siervos, obedeced a vuestros amos en la tierra, con temor y temblor, con la sinceridad de vuestro corazón, como a Cristo; no para ser vistos, como los que quieren agradar a los hombres, sino como siervos de Cristo, haciendo de corazón la voluntad de Dios. Servid de buena voluntad, como al Señor y no a los hombres, sabiendo que cualquier cosa buena que cada uno haga, esto recibirá del Señor, sea siervo o sea libre". Tu trabajo debe mostrar a quién sirves y serás un ejemplo para la iglesia de cómo servir a Dios en el trabajo.

En una ocasión en mi trabajo, uno de mis supervisores me quería dar un ascenso como supervisor de una sección porque según él mi trabajo reflejaba que soy cristiano. Le dije que no porque no tenía tiempo debido a mis responsabilidades en la iglesia. Luego me dijo: "Si te permito preparar tus sermones en el trabajo y de vez en cuando te dejo ir hacer tus cosas con la iglesia, ¿lo aceptarías?". Antes que terminara de preguntar, interrumpí diciendo: "Acepto", no quería que cambiara de parecer. Era algo que estaba pidiendo en oración por años: más flexibilidad en el trabajo. Esto nos lleva al próximo punto.

7. Orar, orar y orar

Estoy convencido de que ser pastor bivocacional es un llamado, y para ser efectivo en este ministerio debes confiar en el poder del Espíritu Santo y eso nos lleva a ser un hombre de oración. Dedica tu vida a la oración. Hay momentos en que te querrás rendir por el cansancio físico, el desánimo o la falta de fruto. Tal vez tengas problemas en el trabajo, en la iglesia y en tu familia.

Te suplico, hermano pastor, que derrames tu corazón "confiadamente al trono de gracia para alcanzar misericordia y hallar gracia para el oportuno socorro" (Heb 4:16).

8. Controla tus finanzas

Una razón por la que algunos pastores bivocacionales están obligados a trabajar fuera de la iglesia, es porque descuidaron sus finanzas. Tienen muchas deudas, viven en un nivel de vida superior a su realidad o simplemente por avaricia. En otras palabras, sus finanzas los controlan y ellos no controlan sus finanzas. Un consejo aquí es: aprende a vivir bajo un presupuesto. Si no sabes cómo preparar uno, te recomiendo buscar un ministerio que te ayude a controlar tus finanzas. Como pastores, debemos ser ejemplo de la mayordomía. Trabaja un plan para eliminar las deudas y controla la manera en que usas el dinero. Si esto es muy difícil para ti regresa a los puntos 5 y 6.

9. Dedícate a preparar a otros hombres

Una de mis quejas cuando comencé como pastor bivocacional, era que carecía de obreros. Me sentía presionado para hacer todo, o como un amigo pastor me decía: los pastores hispanos en vez de ser teólogos somos "todólogos". Esa presión la sentí hasta que leí 2 Timoteo 2:2: "Y lo que has oído de mí en la presencia de muchos testigos, eso encarga a hombres fieles que sean idóneos para enseñar también a otros". En este texto vemos cuatro generaciones de obreros: Pablo, Timoteo, hombres fieles y otros. Busca dos o tres hombres de la congregación que sean enseñables y que ellos enseñen a otros. En un año puede preparar a 12 hombres si te multiplicas con los tres a quienes estás enseñando. ¿Cambiaría tu ministerio si hay 12 hombres que estén siendo enseñados a ministrar a otros?

Acerca del escritor

Julio Crespo es uno de los pastores en la Iglesia Bautista Central. MDiv, Southern Baptist Theological Seminary. Está gozosamente casado con Jamilie y es padre de cuatro hijos: Jaziel, Ezequiel, Immanuel, y Odeily.

Este artículo fue publicado originalmente en **Soldados de Jesucristo**. Usado con permiso.

Revista 9Marcas | Edición #12 | El Ministerio Pastoral: Familia Y Práctica   45

Se buscan: pastores apostólicos

Mark Dever

No hace mucho tiempo estuve en una reunión, en la que un pastor dijo que iba a liderar su iglesia para ser la primera iglesia en la historia en cumplir la Gran Comisión.

Esa es una pretensión impresionante.

Esto me recordó a muchas otras proyecciones de declaración de misión. Una de las consignas más famosas tiene que ser la consigna del Movimiento de Voluntarios Estudiantiles, de hace más de un siglo: "¡La evangelización del mundo en esta generación!". Ese conmovedor llamado fue usado por Dios para enviar a miles de cristianos evangélicos alrededor del mundo para compartir el evangelio a fines del siglo XIX y a principios del XX.

Pero tengo que ser honesto: siempre he pensado que ese famoso eslogan era una mezcla. ¡Me encanta el llamado a la evangelización del mundo! Eso acelera mi corazón, y me refiero a dar mi vida a ese trabajo. Pero la segunda mitad se siente vagamente manipuladora. Me imagino a los jóvenes especialmente entusiasmados por la forma única en que *su* generación hará lo que todos los demás no han podido hacer. (¿Tal vez como una iglesia haciendo lo que todas las otras no han podido hacer?).

◇◇◇◇◇◇◇◇◇◇◇◇◇◇◇◇◇◇◇◇◇

¿Cuán apostólicos somos?

Quiero andar por aquí con cuidado. La evangelización es vital. Sin embargo, no puedo dejar de notar la diferencia entre la "consigna" del siglo XIX y la Gran Comisión de Cristo. Jesús no solo mencionó la generación de los apóstoles, sino que prometió estar con ellos hasta el final de los tiempos (Mt 28:20). Semejante carga mundial, y tan prolongada, debería alentarnos a ser humildes ante la omnipotencia aplastante requerida para tal tarea. Esta humildad debería llevarnos a confiar plenamente en Dios, incluso cuando nos entregamos plenamente a la tarea.

Y, por supuesto, es esta total confianza en Dios lo que nos da el valor que necesitamos para emprender y continuar en esta gran misión.

También me doy cuenta de que ninguno de los apóstoles se volvió hacia los demás y dijo con ingenua exuberancia: "¡Lo haré *solo*! ¡Llevaré el evangelio a todas las naciones, y todo lo haré por mí mismo!". Los discípulos se convirtieron en mensajeros enviados por Cristo, anunciando el evangelio a todos. Trabajaron juntos, uno yendo a un lugar, otro a otro lugar (ver Ga 2: 9). Se animaron y se ayudaron mutuamente en su trabajo común. ¿Cuán apostólicos somos en nuestro trabajo pastoral? ¿Trabajas activamente para asociarte con otras iglesias locales para cumplir con la gran comisión? ¿O actúas como si tu iglesia pudiera por sí misma llevar el evangelio hasta los confines de la tierra?

Sueña en grande: más grande que las cuatro paredes de tu iglesia

Amo ser pastor y amo a los pastores. Doy gracias a Dios por los pastores y trato de trabajar para servirles, mientras Él me da la oportunidad.

Quizás es por este mismo amor que a veces también me entristecen los pastores. ¿Cuántas veces los pastores han hecho comentarios que parecen mostrar que sus sueños y esperanzas comienzan y terminan en las puertas de su propia iglesia? Si bien a veces hay una admirable satisfacción y humildad en esto, me temo que otras veces es ensimismamiento y una corta visión.

Las esperanzas de algunos pastores parecen estar distorsionadas, como los pastores que apoyan sus denominaciones de la misma manera que los fanáticos de los equipos deportivos. Recuerdo que un pastor me dijo con entusiasmo qué porcentaje de personas en su estado eran miembros de su denominación, tendencias de crecimiento y otras estadísticas denominacionales. Cuando le pregunté sobre los porcentajes de personas en su estado que afirmaban ser cristianos evangélicos, es decir, que creen el mismo evangelio que nosotros, no tenía idea. Parecía no haber pensado en la pregunta antes.

Hermanos pastores, ¿cómo podemos estar más preocupados por quién está en nuestra denominación que por quién está en el reino de Cristo? ¿Pensamos más en términos de aumentar el número de aquellos en nuestra congregación, o de aquellos en la iglesia de Dios, de la congregación local en la que puedan ser miembros?

Anhelo que Dios levante más pastores que se preocupen más por las conversiones que por el crecimiento numérico de sus propias congregaciones. Anhelo que Dios levante más pastores que trabajen para desarrollar una cultura de cuidado y cooperación con otras iglesias. Anhelo que Dios levante pastores que oren por avivamiento durante años, y que *no* estén decepcionados cuando Dios responda sus oraciones en otra iglesia local.

¿Cómo podemos ser "pastores apostólicos"?

¿Cómo podemos ser tales "pastores apostólicos", aquellos que trabajan no solo con su propia congregación a la vista, sino con los no cristianos en su vecindario y en su ciudad, amando toda verdadera obra del evangelio?

¿Y cómo podemos guiar a nuestras congregaciones para ampliar su visión y entusiasmarnos con el trabajo del evangelio en nuestras áreas?

- Ora en privado por otros pastores y congregaciones locales.
- Sé un ejemplo para tu iglesia al orar públicamente por la bendición de Dios sobre otras iglesias que creen y predican la Biblia en tu área.
- Anima a los ministros de otras denominaciones evangélicas a predicar de vez en cuando en tu púlpito. Según surja la ocasión, acepta invitaciones para predicar en la suya.
- Invita a un compañero pastor a la reunión de oración de tu iglesia. Hazle preguntas sobre el trabajo en su congregación y ora por él y su iglesia.
- Disciplínate para hablar bien de otras iglesias. Si debes dar una advertencia, habla con mucho cuidado.
- Ten la disposición de alentar a los miembros que viven lejos de tu iglesia a unirse a congregaciones afines más cercanas a su hogar.

¡Hay tanto que puedes hacer!

Crea estrategias para ayudar a otros pastores

De cualquier manera que lo hagas, crea estrategias para ayudar a otros pastores. Reúnelos. Ora con ellos. Dales libros. Hazle saber que, de la mejor manera que puedas, estarás allí para ellos.

Busca especialmente a esos pastores que trabajarán ellos mismos para bendecir a otros pastores. Esta es una especie de versión pastoral de 2 Timoteo 2: 2, entrenando pastores fieles que a su vez entrenarán a otros pastores fieles. Y en la medida que Dios levante una compañía de ministros piadosos de Su Palabra en tu área y en la mía, los perdidos serán salvos, se construirán iglesias y el nombre de Dios será glorificado.

Así ha sido en cada generación: la Gran Comisión se está cumpliendo y se cumplirá.

Acerca del escritor

Mark Dever es el pastor principal de Capitol Hill Baptist Church en Washington, DC, y el presidente de 9Marks.

Todo pastor debe ser un evangelista

Jim Savastio

El deseo de todo verdadero pastor es escuchar al Pastor de los pastores decir: "Bien hecho, siervo bueno y fiel".

Un siervo fiel es aquel que ha sido encontrado haciendo la voluntad de su Señor. Con ese fin, cada pastor llamado por Cristo, escudriñará las Escrituras para saber cuál es su deber y, en dependencia del Espíritu Santo, se esforzará por cumplir ese deber.

En los últimos años ha habido un resurgimiento del esfuerzo del pastor por exponer y aplicar fielmente las Escrituras. Hay una multitud de libros sobre cómo predicar sermones sanos y útiles, y cómo liderar fielmente el rebaño por el cual se pedirá cuenta en el día final. Entre los muchos mandamientos dados a los pastores, hay uno que está comenzando a recibir atención renovada. Ese mandamiento se encuentra en 2 Timoteo 4:5 donde el apóstol Pablo está dando una serie de exhortaciones a Ti-moteo que culminan en el mandamiento: "Cumple tu ministerio". Para cumplir ese ministerio, el hombre de Dios debe "hacer el trabajo de un evangelista". ¿Qué es esta obra y cómo se manifiesta en la vida de cada pastor si se le encuentra fiel a su vocación?

Se deben considerar al menos dos cuestiones. La primera es el significado de la palabra "evangelista". La segunda es cómo se aplica a los deberes de los pastores.

◇◇◇◇◇◇◇◇◇◇◇◇◇◇◇◇◇◇◇◇◇

El significado de la palabra

La palabra "evangelista" aparece solo tres veces en el Nuevo Testamento. Se usa en Efesios 4:11 para describir los dones que Cristo da a la iglesia para su prosperidad y crecimiento (junto con los apóstoles, profetas y el pastor-maestro). Se usa en Hechos 21:8 para describir a Felipe, quien fue uno de los siete diáco-nos nombrados en Hechos 6. Allí simplemente leemos que Pablo y sus compañeros entraron en la casa de Felipe "el evangelista".

El tercer uso está en nuestro texto: 2 Timoteo 4:5. En ese versículo y a lo largo de la epístola y sus cartas hermanas (1 Timoteo y Tito) se expone la labor del ministerio pastoral. Los pastores deben trabajar en la Palabra y en la doctrina, entregarse a la oración, organizar la vida de la iglesia, velar por las almas del rebaño que se les ha confiado y cuidarse a sí mismos como ejemplos para el rebaño. Es en este llamado y contexto que vienen las palabras: "Haz el trabajo de un evangelista". La palabra en el original es un derivado de la palabra evangelio o buenas nuevas. Esta palabra es una transliteración, no una traducción. Si uno lo tradujera, la palabra significaría portador de buenas noticias.

Haz el trabajo de traer buenas noticias, o el término que yo prefiero: haz el trabajo de un "evangelizador".

¿Qué opinas cuando piensas en un evangelista como lo opuesto a un pastor? Un evangelista es generalmente considerado alguien que trabaja para llevar a la gente no convertida a un punto de decisión por medio de la predicación o la presentación de la ley y el evangelio. Un pastor, sin embargo, toma a los que ya se han convertido y los lleva a la madurez en Cristo predicándoles todo el consejo de Dios. De esa manera trabajan en cooperación. Están tomando el papel de pescador de hombres y de pastor de ovejas.

◇◇◇◇◇◇◇◇◇◇◇◇◇◇◇◇◇◇◇◇◇
La aplicación

Ahora, ¿de qué manera hace el pastor este trabajo como parte de sus labores normales por las cuales dará cuenta? Pablo parece tener en mente aquí algo más que los deberes generales del pastor como cristiano. Los pastores deben ser ejemplos para el rebaño. Es el deber de los creyentes preocuparse por las almas de los demás y vivir de tal manera que brille su luz y aprovechar las oportunidades que se les ofrecen para hablar el evangelio (por qué un pecador necesita ser salvo, qué ha hecho Dios para proporcionar la salvación a los pecado-

res y cómo se ha de recibir esta salvación constituye el núcleo de una presentación del evangelio). Seguramente un pastor debe hacer lo que cada creyente está llamado a hacer.

Pero aquí hay más.

En el contexto Pablo está describiendo las dificultades que vendrán a Timoteo y a otros comprometidos con la sana doctrina y su aplicación. Pablo advierte de la gente en la iglesia que se vuelve hacia los falsos maestros que les hacen cosquillas en los oídos. A Timoteo se le exhorta a hacer lo mismo que la gente está comenzando a odiar: comunicar toda la verdad de Dios, enfocarse en la doctrina y no apartarse de las implicaciones de esa verdad. Es en ese contexto que dice: "Pero tú, sé sobrio en todas las cosas, sufre penalidades, haz el trabajo de un evangelista, cumple tu ministerio" (2Ti 4:5).

No podemos y no debemos sacar estas pocas palabras de su contexto. El contexto es el trabajo pastoral. Timoteo debe trabajar en favor de algunos que se están alejando, algunos que están luchando con la verdad y que están tentados a alejarse, predicarles el evangelio y enfocarse en la obra salvadora de Cristo.

No permitas que los hombres perezcan bajo la sombra de tu púlpito porque asumiste que es-

taban espiritualmente bien como resultado de una confesión de fe, el bautismo y la membresía en la iglesia.

Haz el trabajo que hacen los evangelistas. Prueba su conciencia con la ley de Dios. Muéstrales su pecado y su peligro. Aclara las realidades de la eternidad y señálales de nuevo a Jesús para su esperanza y rectitud. Charles Spurgeon creía que aunque había asistido a la iglesia cientos de veces cuando era niño, nunca escuchó explícitamente cómo un pecador podía ser salvado. Ese no debe ser el testimonio de un incrédulo que se sienta regularmente bajo nuestro ministerio.

Pero hay más.

Para ser un "evangelizador" uno debe presentar las verdades de la salvación regularmente a los santos y a los pecadores por igual. Habrá gente no convertida bajo tu ministerio. No permitas que se confundan sobre el camino de justicia de Dios. Puede haber un hombre de iglesia no convertido bajo tu ministerio. Trabaja por su salvación. Habrá santos necesitados bajo tu ministerio que necesitan que se les recuerde que su esperanza no está en ellos mismos. Un ministerio fiel a veces desafiará la conciencia. Mostrará el pecado y el fracaso en formas puntuales.

¿Qué necesitan las ovejas bajo un ministerio incisivo y fiel que expone el pecado y promueve la santidad? La esperanza de lo que Cristo ha hecho al proveer expiación y poder para una vida liberada.

Lo que un pastor puede decidir hacer de acuerdo con sus dones y su conciencia, más allá de estas cosas, está abierto a discusión entre hombres piadosos. ¿Debe un pastor dedicar un día a la semana a repartir panfletos, ir de puerta en puerta, predicar en la calle, manifestarse en lugares de pecado, etc.? Mientras discutimos estos asuntos, los pastores que cumplen con sus ministerios deben ser hombres que conocen y aman el evangelio y que lo presentan con claridad, amor, alegría y expectativa.

Acerca del escritor

Jim Savastio es pastor de la Reformed Baptist Church of Louisville. Él es también el presidente de la mesa directiva del ministerio Practical Shepherding y es co-autor con Brian Croft del libro *The Pastor's Soul* [*El alma del pastor*]. Está casado con Becky y tienen cuatro hijos.

Este artículo fue publicado originalmente en **Soldados de Jesucristo**. Usado con permiso.

Desacuerdos y diferencias entre los ancianos

Matt
Schmucker

Nota del editorial: Matt Schmucker responde preguntas prácticas en relación a la vida pastoral, específicamente a los desacuerdos y diferencias con otros ancianos, y a las señales de advertencia a la hora de encontrar ancianos.

Sobre los desacuerdos con otros ancianos

9Marcas (9M): ¿Qué haces cuando te cuesta llevarte bien con otro anciano?

Matt Schmucker (MS): Primero, tienes que distinguir si eso se debe a problemas doctrinales o personales. Suponiendo que se trata de algo personal, buscaría a Dios en oración para pedirle que aleje a Satanás de la relación. Puesto que a Satanás le encanta dividir, a menudo quiere hacer su obra perversa entre los líderes. Y usará todo lo que esté a su alcance, incluso simples asuntos de personalidad.

Luego, busca al hermano para edificar la relación. Con frecuencia, la irritación surge a causa de la ignorancia. Esfuérzate por conocer al hermano y recuerda que muchas veces no conoces todos los hechos sobre alguien.

Por último, sé humilde. Incluso si, al final, no entiendes por qué una persona es como es, Dios te ha tolerado mucho más. Además, puedes confiar que Dios ha dado a ese hombre a la congregación, con su combinación de fortalezas y debilidades, para edificar al cuerpo en formas que tú no puedes. Estudia los pasajes que hablan acerca del cuerpo en 1 Corintios 12, Romanos 12 y otros, y descansa en que Dios tiene la intención de hacer bien a través de esas diferencias, aun cuando, en nuestro estado caído, dichas diferencias pueden implicar una falta de camaradería.

9M: ¿Alguna vez te ha costado llevarte bien con otro anciano?

MS: Sí.

9M: ¿Qué lecciones aprendiste cuando eso sucedió?

MS: En el transcurso de los años, he practicado todas esas cosas que mencioné anteriormente. Hay mucho más en juego que mis gustos y disgustos personales y guerras territoriales pecaminosas. La salud de la iglesia está en juego, lo cual significa que la gloria de Dios está en juego (desde el punto de vista de la responsabilidad humana).

A menudo, los problemas personales con otros ancianos pueden originarse como consecuencia de que un anciano rechace tus ideas. Por tanto, para mí es importante separar mis ideas de mi identidad (¡que ha sido justificada en Cristo!). Porque el rechazo de mis ideas no es el rechazo de mi persona. En tal sentido, desarrollar relaciones personales fuera de las reuniones de ancianos hace que el trabajo del pastorado sea mucho más fácil.

9M: Con trece ancianos en tu iglesia, ¿cómo encuentras el tiempo para cuidar de estas relaciones particulares?

MS: Es difícil hacerlo en una iglesia en crecimiento y en una ciudad ajetreada. Pero al inicio de cada reunión, nos pastoreamos mutuamente antes de pastorear a la iglesia. Hacemos esto compartiendo preocupaciones, confesando pecados, alabando a Dios y luego orando los unos por los otros. Básicamente, nos mantenemos al tanto de lo que está sucediendo en la vida del otro. Podemos pasar hasta una hora de la reunión de ancianos haciendo esto. Además, intentamos reunirnos uno a uno para almorzar y cenar de vez en cuando.

Sobre las diferencias con otros ancianos

9M: Pasemos a las diferencias de principios. ¿Cómo haces, como anciano, para saber cuándo dejar de insistir en tus convicciones y cuándo mantenerte firme?

MS: Mientras más claro esté en la Escritura, más firme debes mantener tu posición. Por un lado, no rechazaré la deidad de Cristo, aunque los otros doce ancianos lo hagan. Por otro lado, en lo personal, tengo fuertes convicciones acerca del control de natalidad que no son obvias ni claras en las Escrituras; convicciones que el resto de mis hermanos ancianos no comparten. Respecto a este asunto, por tanto, intento ser más cuidadoso. Hace cierto tiempo, surgió una situación relacionada con el tema del control de la natalidad. Yo argumenté vigorosamente mi posición de ma-

nera bíblica y práctica. Sin embargo, tuve que sujetarme (¡con alegría!), a los otros ancianos que pudieron haber simpatizado con mi posición, pero que finalmente votaron en contra.

Recientemente, regresé a los ancianos de un sabático y me preguntaron qué aprendí durante el descanso. Me di cuenta de que la iglesia siguió progresando sin mi participación activa y sin mis opiniones como anciano. Esto me hizo entender positivamente que debo defender mis opiniones con mucho más cuidado.

Unidad y madurez

9M: Dada la importancia de la unidad y madurez entre los ancianos, ¿cuáles son algunos rasgos o características de los posibles ancianos que deberían levantar señales de advertencia?

MS: Creo que hay muchas que son obvias: la volatilidad, la inestabilidad, una mala reputación en la comunidad, hijos rebeldes, entre otras.

Así que permíteme señalar varias señales de advertencia que son menos evidentes. Una menos obvia sería la de un espíritu contrario. Sabes a qué tipo de hombre me refiero. Si dices "negro", él dirá "gris oscuro". Sin importar lo que digas, eso es lo que tendrás. El espíritu que está perpetuamente buscando el "por otra parte" o esperando que "las cosas caigan bajo su propio peso" no es beneficioso para edificar a

la iglesia. En Hechos 6, por ejemplo, se instruye a la iglesia a nombrar diáconos no solo por sus capacidades, sino porque estos hombres restaurarán la unidad entre las viudas de habla griega y las de habla aramea. ¿Cuánto más debería ser un anciano alguien que edifique la unidad y trabaje para brindar soluciones en lugar de simplemente ofrecer una opinión contraria?

Otra señal de advertencia que comúnmente se pasa por alto es la de los frutos espirituales del hombre en la vida de quienes lo rodean. Para decirlo positivamente, esto es lo que atrajo nuestra atención en 1998, por ejemplo, hacia un miembro de la iglesia llamado Andy Johnson. Él había estado discipulando a otros hombres solteros de manera consistente, lo cual trajo como resultado un progreso espiritual en sus vidas. Para decirlo negativamente, entonces, la falta de frutos espirituales es una señal de advertencia, incluso si el mundo reconociera al hombre como "exitoso".

Finalmente, una esposa poco solidaria es una señal de advertencia. El pastorado que se ejerce correctamente es un trabajo exigente. Requiere tiempo para orar. Requiere tiempo para prepararse para enseñar. Requiere tiempo para discipular. Requiere tiempo para ser hospitalario. Todas estas cosas impactan el hogar y colocan ciertas exigencias sobre la esposa. ¿Cómo se siente ella siendo hospitalaria? ¿Cómo se siente al "perder" a su esposo cada dos jueves por la noche para que participe en una reunión de ancianos? ¿Le da la bienvenida a la inesperada visita en la puerta que lo necesita?

9M: ¿Qué cualidades positivas desearías enfatizar al buscar ancianos?

MS: Con demasiada frecuencia buscamos el éxito secular para medir a un hombre. Debemos enseñar a nuestras iglesias a buscar hombres de la Palabra, a medir a los hombres en base a su conocimiento, sujeción y habilidad para proclamar la Palabra de Dios. Me gusta lo que Mark Dever dice: la capacidad para enseñar de un anciano implica que cuando los lobos se acercan al rebaño, las ovejas saben que pueden confiar que su pastor expondrá al lobo y, como resultado, las protegerá. Ese es el gran llamado del anciano.

Acerca del escritor

Matt Schmucker fue el director ejecutivo fundador de 9Marks. Ahora organiza varias conferencias, como CROSS, mientras sirve como miembro de Capitol Hill Baptist Church en Washington, DC.

Traducido por **Nazareth Bello**.

¿Podemos restaurar a un pastor tras haber cometido pecado sexual?

Jared
Wilson

Cuando un pastor se ha descalificado de su ministerio, ¿queda descalificado del ministerio completamente? Si es así, ¿por cuánto tiempo? ¿Para siempre? ¿Puede alguna vez ser restaurado? De ser así, ¿qué tan pronto?

Esta clase de preguntas no son nuevas, pero parecen más relevantes que nunca. Si bien existen muchos artículos que han sido publicados sobre "pastores caídos", me ha sorprendido descubrir que pocos de ellos abordan estas preguntas de una manera profunda. No pretendo ofrecer un análisis exhaustivo acerca de este delicado tema en esta publicación, pero sí quiero compartir algunas reflexiones bíblicas e implicaciones prácticas en las cuales he estado meditando durante un tiempo. Este tema me afecta de manera íntima y personal, así como creo que a muchos. Nos corresponde pensar cuidadosa y bíblicamente al respecto.

¿Qué descalifica a un pastor?

Lo que me parece interesante en estos días no es cuántos pastores han sido descalificados, sino cuántos no lo han sido. Vivimos en una época en la que cualquier hombre con talento para hablar y un espíritu emprendedor y creativo puede plantar una iglesia e incluso tener éxito en ello. Sin embargo, los dones no son sinónimo de calificación. Algunos parecen discutir este tema como si no tuviéramos directrices bíblicas claras acerca lo que califica a un hombre para el cargo de anciano/pastor. Pero no es así. He aquí una lista reunida de los tres pasajes principales sobre el tema de los requisitos bíblicos para el ministerio (1Ti 3, Tit 1, y 1P 5):

1. Fiel sexual/maritalmente
2. Buen administrador del hogar
3. Humilde
4. Amable
5. Sobrio
6. Apacible
7. Responsable financieramente
8. Hospitalario
9. Controlado
10. Honesto en su carácter
11. Comprometido con la santidad
12. Apto para enseñar
13. Maduro espiritualmente (no debe ser un recién convertido)
14. Respetable (debe tener buena reputación entre los que no son de la iglesia)
15. Un buen ejemplo para el rebaño

Los cristianos evangélicos parecen discutir con mayor frecuencia la descalificación en relación al adulterio —lo cual, siendo claros, sí descalifica— pero son muy raras las veces en que abordamos la descalificación cuando se trata de pastores irascibles, contenciosos o que carecen de dominio propio. La "caída" de Mark Driscoll quizá sea lo más cerca que mi iglesia ha estado de reconocer las (des) calificaciones para el ministerio, pero aún no es un concepto ampliamente comprendido en la era del ministro famoso. De hecho, creo que en muchos grupos y tradiciones "las otras calificaciones bíblicas para el ministerio" han sido relegadas durante mucho tiempo. ¿De qué otra manera se explicaría que, generalmente, solo cuando un pastor autoritario, irresponsable financieramente y sin escrúpulos comete adulterio, finalmente es destituido de su cargo?

La conclusión es que el estándar para ejercer el cargo de pastor queda bastante alto. No está abierto a todo aquel que "sienta el llamado". Además de los dones y la ambición, se requiere madurez, pruebas y una continua obediencia en la misma dirección. Por esta razón, cuando un pastor queda descalificado, enfrentamos un problema en un nivel diferente que incluso el grave problema de los pecados dignos de disciplina entre los laicos. No es porque los pastores sean súper cristianos o cuenten con más favor de parte de Dios que los laicos, sino debido a que el cargo de liderazgo exige un estándar más alto.

¿Pueden los pastores descalificados ser restaurados?

Lo primero que deberíamos decir es que a menudo estamos hablando de dos clases diferentes de restauración sin saberlo. Muchos de los problemas de las iglesias evangélicas con los escándalos de pastores famosos que se auto descalifican se deben a una incapacidad, o falta de voluntad, de distinguir entre una restauración al ministerio vocacional y una restauración a la comunión. Respecto de lo último, la respuesta debe ser un sí indiscutible. Cualquier creyente que haya caído moralmente, sea pastor o no, debe ser restaurado completamente a la comunidad cristiana, dado su arrepentimiento y el proceso de restauración de su iglesia.

Por eso también debemos tener cuidado con nuestras críticas. A veces, cuando discutimos contra la restauración de ciertos ministros al púlpito, parece que estamos negando su capacidad de volver a unirse a la comunidad de creyentes. Y en ocasiones, cuando estamos molestos por el alto estándar establecido para el púlpito, calificamos a otros de despiadados cuando, de hecho, están listos para dar la bienvenida a cualquier pecador arrepentido a la calidez de la comunidad cristiana.

De lo que estamos hablando aquí es más específicamente esto: ¿puede un pastor que se haya descalificado de alguna manera ser restaurado al cargo pastoral? En otras palabras: ¿puede un pastor descalificado volver a estar calificado? Esta es una pregunta bastante controversial. Para muchos, el cómo y el cuándo son imposibles porque su respuesta es un "no" a esta primera consideración. Por ejemplo, John MacArthur escribió en un artículo en el año 1991:

> Hay algunos pecados que destruyen irremediablemente la reputación de un hombre y lo descalifican de un ministerio de liderazgo para siempre. Incluso Pablo, siendo el hombre de Dios que era, dijo que temía tal posibilidad. En 1 Corintios 9:27 dice: "golpeo mi cuerpo, y lo pongo en servidumbre, no sea que habiendo sido heraldo para otros, yo mismo venga a ser eliminado".

> Al referirse a su cuerpo, Pablo obviamente tenía en mente la inmoralidad sexual. En 1 Corintios 6:18, la describe como un pecado contra el propio cuerpo: el pecado sexual está en una categoría aparte. Ciertamente descalifica a un hombre del liderazgo de la iglesia, ya que pierde permanentemente una reputación irreprensible como marido de una sola mujer (Pr 6:33; 1Ti 3:23).

Aquí procedo con cautela, pero debo discrepar del pastor MacArthur. En primer lugar, si un pecado anterior descalificara para siempre a un hombre, Pablo ya habría sido descalificado por su vida de persecución asesina contra los cristianos. Ciertamente el pecado cometido después de estar unidos a Cristo de cierta manera es mucho más grave que el pecado cometido antes de la conversión. No es grave como condenable, por supuesto, pero sí como contrario a la nueva naturaleza, si alguien podría ser considerado culpable eternamente, eso parecería excluirlo incluso de la comunidad. La gracia cubre todos los pecados arrepentidos, o no cubre ninguno.

Tampoco encuentro convincente el caso exegético de MacArthur. Él pone 1 Corintios 9:27 en el contexto de 1 Corintios 6:18 para argumentar que Pablo tiene en mente la inmoralidad sexual. Pero eso no parece ser en absoluto de lo que Pablo está hablando en el contexto inmediato del capítulo 9. El versículo 27 resume un extenso pasaje explicativo sobre la filosofía misional de Pablo, indicando su preocupación de "hacerse todo para todos" (v. 22). Por supuesto, habla del dominio propio, pero está relacionado con la disciplina. Esto no excluye ninguna consideración sobre protegerse de la inmoralidad sexual, claro está, pero la descalificación a la que hace referencia en el versículo 27 no parece estar conectada a una falla moral sino misional.

En otras palabras, según la trayectoria de su razonamiento a lo largo del capítulo, la "calificación" en cuestión consiste en dedicarse tanto a judíos como a griegos (vv. 19-23). Pablo no quiere dejar alcanzar la versatilidad misional. Por esta razón, escribió extensamente acerca del pago de los servidores de Cristo al inicio del pasaje. Luego continúa discutiendo su disciplina en relación con la ley ceremonial

como una consideración misional. Está refiriéndose en gran medida a la contextualización y al grado en que él puede ser útil. Con esto en mente, de nuevo, no excluimos totalmente la pureza sexual de la ecuación, pero parece que la descalificación que tiene en mente tiene más que ver con descalificarse a sí mismo de acceder a predicar a grupos de personas (como menciona en el versículo en cuestión), que la descalificación por completo del ministerio. Considero que el contexto inmediato es de mayor orientación para comprender 1 Corintios 9:27 que un versículo que se encuentra tres capítulos atrás.

Dicho eso, obviamente sabemos que la inmoralidad sexual descalifica a los pastores debido a las referencias más directas que nos dan los requisitos bíblicos para el ministerio. Una de estas se encuentra, como menciona MacArthur, en 1 Timoteo 3:2. Pero la pregunta que realmente estamos haciendo es si esta descalificación es permanente. Incluso si tomamos 1 Corintios 9:27 para referirnos a una falla moral, no dice nada sobre la permanencia de tal descalificación. MacArthur añade la palabra "permanentemente" a su exposición, pero no se encuentra en el texto. En lo que podemos estar de acuerdo, supongo, es que aquellos que buscan estar calificados para el ministerio pastoral, según 1 Timoteo 3, Tito 1 y 1 Pedro 5, deben tener una reputación bien establecida y

una afirmación generalizada de los requisitos enumerados en ellos. (Volveré a esa última oración más adelante, así que no la olvides). Sobre este tema, otro pastor, John Piper, dijo en una entrevista en el año 2009:

> ¿Es posible restaurar a un pastor que pecó sexualmente, pero que está arrepentido? ¿O dicho pastor queda descalificado porque ya no cumple con el requisito de ser "irreprensible"?

> Me temo que si contesto esta pregunta de la forma como debería, estaría abriendo demasiado la puerta a restaurar a pastores antes de tiempo. Aún con los riesgos me atrevo a dar mi respuesta.

> A final de cuentas, creo que la respuesta es un "sí". Un pastor que ha pecado sexualmente puede volver a ser pastor. Lo digo simplemente por causa de la gracia de Dios y la realidad de que ser "irreprensible" puede ser restaurado, probablemente.

Estoy de acuerdo con Piper en esto, y creo que hay muchas implicaciones en el "probablemente" que deberíamos examinar. Pero primero debemos responder la pregunta: ¿tenemos algún precedente bíblico para la restauración de un pastor caído? Bueno, de hecho, en cierta manera sí.

Aclaremos aquí que no estamos discutiendo conflictos relacionales o "pequeños tropiezas" ministeriales. Algunos hablan de esta manera acerca de la negación de Cristo por parte de Pedro y la posterior reunión con su Señor, pero esto no justifica el terrible pecado que Pedro había cometido. Por otro lado, tenemos algunos ejemplos en Hechos y en algunas de las epístolas de Pablo, que se refieren a debates internos y conflictos relacionales que ocasionan la separación de los ministros del evangelio, pero Pablo no menciona que dichos hombres están descalificados del ministerio. (Por supuesto, sí habla de esa manera de aquellos ministros que adoptaron herejías, o que de otra forma "se alejaron" de la fe). Por tanto, tenemos que colocar la negación de Jesús por parte Pedro en la categoría correcta.

Jesús advirtió: "Y a cualquiera que me niegue delante de los hombres, yo también le negaré delante de mi Padre que está en los cielos" (Mt 10:33). Esto hace que la negación pública de Jesús (por cualquier creyente) sea una negación con un impacto eterno. Para agravar esto, Jesús incluso le dijo a Pedro que lo haría, y Pedro prometió que no lo haría (Mt 26:35), así que ahora tenemos una confianza traicionada sobre un testigo traicionado. ¿Podemos estar de acuerdo en que cualquier ministro que niegue siquiera conocer a Jesús cuando es puesto en aprietos ha entrado en el territorio de la descalificación? Con esto en mente, revisemos la escena de la restauración que se encuentra en Juan 21:15-19:

> Cuando hubieron comido, Jesús dijo a Simón Pedro: Simón, hijo de Jonás, ¿me amas más que éstos? Le respondió: Sí, Señor; tú sabes que te amo. Él le dijo: Apacienta mis corderos. Volvió a decirle la segunda vez: Simón, hijo de Jonás, ¿me amas? Pedro le respondió: Sí, Señor; tú sabes que te amo. Le dijo: Pastorea mis ovejas. Le dijo la tercera vez: Simón, hijo de Jonás, ¿me amas? Pedro se entristeció de que le dijese la tercera vez: ¿Me amas? y le respondió: Señor, tú lo sabes todo; tú sabes que te amo. Jesús le dijo: Apacienta mis ovejas. De cierto, de cierto te digo: Cuando eras más joven, te ceñías, e ibas a donde querías; mas cuando ya seas viejo, extenderás tus manos, y te ceñirá otro, y te llevará a donde no quieras. Esto dijo, dando a entender con qué muerte había de glorificar a Dios. Y dicho esto, añadió: Sígueme.

¿Es esta escena instructiva de alguna manera para considerar la restauración pastoral? Aunque no es un pasaje didáctico sino una narrativa, creo que sí.

En primer lugar, el punto más importante es que es posible que los pecadores sean restaurados.

¡Aleluya! Esto es simplemente, para todos los creyentes, una ilustración maravillosa del evangelio. ¿Por qué Jesús hizo la pregunta tres veces? No hay ningún significado en la diferencia lingüística de los "amores" (*ágape*, *fileo*), ya que parece ser una inclinación literaria de Juan. En cambio, Jesús repite y, por tanto, cubre la triple negación de Pedro. ¿La esencia? El pecado no puede superar la gracia de Dios. Sin importar cuán lejos llegue tu pecado, el evangelio va aún más lejos.

En segundo lugar, me parece obvio que la restauración aquí no trata simplemente de una restauración a la comunidad, sino también al liderazgo.

Algunos defensores de la descalificación permanente pasan por alto la importancia de lo que está ocurriendo en este hermoso momento. La interjección entre cada pregunta y respuesta de "apacienta/pastorea mis ovejas" parece indicar que Pedro no está simplemente siendo restaurado a los "buenos cuidados" de Jesús sino también al cargo ministerial. Ciertamente no es destituido de su apostolado y, por supuesto, continúa predicando y escribiendo con autoridad. Esto es después de que ha negado públicamente conocer a Jesús.

En tercer lugar, más allá de esos dos hechos principales, que la restauración es completamente por gracia y que es posible volver a estar calificados para el ministerio, todo lo demás que deduzcamos sobre la restauración en este pasaje debe ser una inferencia.

Por ejemplo, algunos argumentan partiendo de la escena de la restauración de Pedro que la restauración al ministerio puede ser, nos atrevemos a decir debería ser, inmediata. Es a esta pregunta a la que me dirijo.

¿Qué tan pronto pueden ser restaurados los pastores caídos?

Si la respuesta no es "nunca", entonces ¿cuándo? Algunos dicen que, citando la restauración de Pedro por parte de Jesús, inmediatamente. No lo creo.

Discernir de la restauración de Pedro un enfoque de "Jesús y yo" para la calificación pastoral es pasar por alto la eclesiología sólida incorporada en Juan 21 y proporcionada a lo largo de las Escrituras. Hay dos elementos importantes en Juan 21 que son los prerrequisitos menos necesarios para la restauración de pastores caídos: (1) el dolor piadoso (Jn 21:7) y (2) el veredicto de la congregación como representante de Cristo en la tierra (Mt 16:19).

Para decirlo sin rodeos, Jesús no está aquí en persona para decirnos: "Sí, este hombre está listo". Entonces, ¿qué tenemos? Tenemos Su Palabra (la Biblia), y tenemos Su cuerpo (la iglesia). La respuesta a la pregunta: "¿Qué tan pronto puede ser restaurado un pastor caído?" realmente no se puede responder de manera categórica en términos de tiempo. Puede tardar un poco más en unos que en otros. Algunos nunca podrán ser restaurados. El punto es que no depende realmente de ellos. La restauración es llevada a cabo, como en todos los casos de disciplina, por la iglesia donde se produjo la descalificación. Hay demasiados factores que pueden estar involucrados en diferentes casos. Pero creo que podemos decir "no inmediatamente", por estas razones:

Es necesario discernir el dolor piadoso

El dolor de Pedro es especialmente evidente. ¿Cómo podemos saber que este dolor es un dolor piadoso (2Co 7:10), y no simplemente un dolor por haber sido descubierto (o "atrapado"), o peor, una sinceridad fingida para engañar? Bueno, Jesús no puede ser engañado. Él podía mirar directamente al corazón de Pedro y ver su arrepentimiento. La iglesia, como representante de Cristo en asuntos de disciplina, por supuesto, no es omnisciente. Determinamos el arrepentimiento creíble en una variedad de formas y actuamos en consecuencia. Normalmente, los procesos de disciplina de la iglesia involucran pasos a los que

los miembros deben someterse para mostrar su cooperación y demostrar su tristeza por su pecado. Para los adúlteros arrepentidos, esto puede implicar mostrar sus teléfonos y correos electrónicos a sus cónyuges heridos, cortar todo contacto con la otra persona, y así sucesivamente. Para los usuarios habituales de la pornografía, puede implicar la instalación de un *software* de seguridad. Para los miembros disciplinados por todo tipo de pecados, puede implicar reunirse regularmente con un compañero de rendición de cuentas responsable y/o un consejero. Las condiciones varían, pero se toman pasos hacia la restauración.

Algunos pueden decir que no es muy misericordioso, pero la disciplina bíblica de la iglesia no es punitiva ni condenatoria. Es, de hecho, gracia aplicada. La mayoría de las personas reconoce que no restauramos a los miembros que no se arrepienten a la comunidad. Entonces, una vez que hacemos que el arrepentimiento sea un requisito, necesariamente estamos preguntando: "¿cómo saber si alguien se arrepiente?". Obviamente, hay maneras de crear una interminable sucesión de aristas legalistas para que alguien las atraviese. No hay gracia en eso. Simplemente discernimos el arrepentimiento. Eso es bíblico, y hay gracia en ello porque hay más partes en juego que simplemente el pecador en cuestión: está el cuerpo de Cristo, la reputación de la iglesia y la credibilidad de nuestro testimonio de Cristo. Ningún pecador está por encima de todas estas consideraciones, y tratarlas así es negar la gracia a los demás. La disciplina administrada adecuadamente es un acto de gracia (Heb 12:11).

La restauración a la comunidad no es lo mismo que la restauración al pastorado

Para cualquier persona que haya caído en un pecado digno de disciplina, la restauración a la comunidad puede ser relativamente inmediata. Digo "relativamente" debido a las consideraciones anteriores. Pero pagar penitencia no es una virtud bíblica. Al igual que el padre de la parábola del hijo pródigo, buscamos con amor la restauración de cada miembro rebelde, pastor o no, y corremos a recibirlos cuando muestran interés en regresar a la familia. Pero, nuevamente, la restauración a la comunidad no es lo mismo que la restauración al pastorado. ¿Recuerdas esos requisitos?

Pedro no se restauró a sí mismo

La iglesia, como representante de Cristo, debe confirmar los requisitos de cualquier persona para el cargo de pastor. Cristo en persona puede calificar a un hombre inmediatamente o restaurar inmediatamente a ese hombre una vez que ha caído. La iglesia de Cristo, sin embargo, tiene más instrucciones acerca de cómo hacer estas determinaciones. Para volver a una afirmación anterior: los que buscan estar calificados para el ministerio pastoral, de acuerdo con 1 Timoteo 3, Tito 1 y 1 Pedro 5, deben tener una reputación bien establecida y una afirmación generalizada de las cualidades enumeradas en dichos pasajes. Y esas calificaciones no son cosas que puedan determinarse de manera inmediata. No se determinan rápidamente cuando establecemos un pastor en primer lugar, y no deben ser pasadas por alto cuando consideramos la restauración de un pastor que se ha descalificado.

No puedes decir si alguien es un buen cabeza de hogar la primera vez que lo conoces. Ves el testimonio de su vida familiar en el transcurso del tiempo. De la misma manera, cuando un hombre engaña a su esposa, no puedes determinar que es un buen hombre de familia poco después de la revelación. Tomará más tiempo, dada la ofensa, para verlo caminar en arrepentimiento, para recuperar su reputación. Este es el caso con cualquier punto de descalificación, aunque algunos niveles de discernimiento pueden ocurrir más rápido que otros. No es algo inmediato para un pastor que ha sido descalificado por un largo patrón de abuso verbal o bromas groseras, ganar una reputación como un hombre amable y apacible. Es probable que sea aún menos inmediato para un pastor que ha sido descalificado por un patrón de alcoholismo o inmoralidad sexual, ganar una reputación como un hombre sobrio y "marido de una sola mujer".

Esto es paralelo al requisito bíblico de "ser un nuevo convertido". Obviamente, nos referimos a una persona (presumiblemente) cristiana que recién se arrepintió, pero el principio fundamental es el mismo. El arrepentimiento produce una reinserción inmediata a la comunidad, pero la reinserción al pastorado requiere de la prueba del tiempo.

Esto es un acto de gracia. Así es como Cristo protege a Su iglesia y, casualmente, cómo protege a los pecadores arrepentidos para que no se precipiten demasiado pronto a la misma presión que reveló su carácter no desarrollado.

Incluso si un pastor a la luz de la restauración planea asumir el púlpito de otra iglesia o plantar una nueva iglesia, su restauración al ministerio aún debería ser confirmada por su anterior comunidad. Existen algunos casos extremos en los que esto no puede ser posible, pero debería ser normativo para líderes descalificados que se someten en humildad a la disciplina.

Entonces, ¿qué tan pronto? No lo sé. No nunca. No inmediatamente. En algún punto intermedio, dado el tiempo de la iglesia para discernir y confirmar la calificación de uno. Coincido, otra vez, con John Piper:

> El perdón viene pronto, es costoso e inmediato, en el momento que la persona se arrepiente.

Pero, la confianza no se restaura de un momento a otro.

Simplemente no puede ser restaurada de un momento a otro. Si un pastor ha traicionado a su congregación, y ha herido de gravedad a una iglesia local y a su propia esposa, puede ser perdonado, tal cual. El pecado es lavado. La sangre de Jesús lo cubre. Pero el restablecer la confianza, que es esencial para la relación oveja-pastor y esposa-esposo, ¿cuánto tiempo requerirá? ¿Una década? Toma mucho tiempo —bastante tiempo— hasta que los recuerdos sean sanados.

En términos prácticos, pienso que esto es lo que diría: un hombre que comete adulterio, dentro del ministerio, debe renunciar de inmediato y buscar otro trabajo. No debe tomar injerencia alguna dentro de la congregación. Debe buscar otra clase de trabajo y seguir su vida de forma humilde sometiéndose a la disciplina y al ministerio de la iglesia, sea en su iglesia anterior o en otra. Y luego la iglesia debería revertir eso si así lo considera, no él.

Recordemos, amigos, que ninguno de nosotros que disfrutamos del privilegio de ministrar el evangelio es mayor que la iglesia de Cristo, local o universal. Es posible que hayamos recibido una plataforma, pero somos servidores a su disposición. Debemos estar sujetos a la iglesia.

El evangelio no es prescindible. Nuestros ministerios sí. Si eres un pastor caído que anhela la restauración al ministerio, te insto a no ver tu tiempo fuera o la disciplina entretanto como un acto carente de gracia. Quizá sea tu próxima lección sobre cuán grande realmente es la gracia de Dios.

Puedes abaratar la gracia al regresar a ese púlpito, asumiendo que solo puedes ser validado por un regreso a la plataforma, aunque solo sea porque no estás dispuesto a ver cuán grandemente la gracia puede sostenerte y satisfacerte fuera del centro de atención. Él es lo suficientemente bueno como para suplir todas tus necesidades.

Acerca del escritor

Jared C. Wilson es profesor adjunto de ministerio pastoral y autor residente en Midwestern Seminary, editor general de For The Church, director del Centro de formación pastoral de la Liberty Baptist Church y autor de numerosos libros, entre ellos *El evangelio según Satanás: ocho mentiras acerca de Dios que suenan como la verdad.*

Traducido por **Nazareth Bello.**

Nota del editor: este artículo apareció originalmente en el e-book *Porn and the Pastor* [*La pornografía y el pastor*].

Cinco lecciones que aprendí luego de pastorear 30 Años en Zambia

Conrad
Mbewe

Es común en África, donde vivo, ver cabras comiendo pasto en las laderas. Las cabras se concentran en una hoja de hierba a la vez y nunca están conscientes de lo lejos que han llegado hasta cuando el sol se pone. Esa ha sido mi experiencia como pastor de la Kabwata Baptist Churh. Nunca he estado consciente de los años que tengo por delante o detrás de mí. Simplemente me concentré en el trabajo que tengo a mano. Así que, cuando miré hacia el final del mes de agosto de este año y vi multitudes de personas animándome por el maratón de 30 años, fue entonces cuando me di cuenta de que había viajado muy lejos.

Cinco reflexiones luego de 30 años

Es bueno reflexionar sobre mis 30 años de ministerio en Kabwata Baptist Churh. Como todas las áreas de la vida, esta ha sido una jornada de altas y bajas. Cuando miro hacia atrás, veo períodos cuando las lágrimas eran mi experiencia diaria, y otros períodos cuando no podía encontrar palabras para expresar mi emoción y éxtasis. Lo que se destaca mientras reflexiono sobre estos 30 años son primeramente las cosas positivas por las cuales agradezco a Dios.

1. Observar un crecimiento gradual cuantitativo

Para comenzar, me siento agradecido del crecimiento cuantitativo estable de nuestra iglesia. Cuando llegué a Kabwata Baptist Churh, la iglesia había sido constituida hacía un año y medio con una membresía de alrededor de 35 individuos. Las únicas propiedades que la iglesia tenía eran algunos himnarios y un sello de la iglesia. De esos 35 miembros, solo dos han permanecido los últimos 30 años. Aunque habíamos tenido cristianos de otras ciudades e iglesias que se habían unido a nosotros a través de los años, mientras encuestaba a los individuos que estaban sentados en las bancas, me sentía agradecido porque muchos de ellos son el fruto de nuestros esfuerzos consistentes en el evangelio.

Nuestra membresía actual es de más de 400 personas, y hemos tenido el privilegio de plantar alrededor de 30 iglesias, seis de ellas en nuestra ciudad. Hemos construido un edificio para las reuniones de la iglesia y recientemente comenzamos a romper paredes para acomodar a la congregación que crece. Debido a que nuestra adoración no tiene las características llamativas modernas, solo puedo atribuir este crecimiento a la gracia de Dios acompañada de la predicación de Su Palabra (como hizo Pablo en 1 Corintios 2:1-5). Alabo a Dios porque hay muchos hombres que conozco cuyos zapatos no soy digno de desatar que no han tenido un crecimiento cuantitativo como este.

2. Ver el fruto de reformas anteriores

Agradezco a Dios haber tenido la oportunidad de ver el fruto de las reformas que me he sentido obligado a instituir durante años anteriores. Cuando llegué a la Kabwata Baptist Churh, era una iglesia ampliamente evangélica y conservadora. Las verdades reformadas eran celebradas por algunos de los líderes, pero la iglesia misma no había sido llevada a adoptar esta posición.

Con los nuevos vientos carismáticos que habían comenzado a soplar a través de Zambia, me sentí en la necesidad de mover a la iglesia hacia una posición reformada clara o fracasaríamos en resistir los vientos mientras se convertían en un torbellino de viento destructivo. Con un liderazgo teológicamente mixto, mover la iglesia hacia una posición unificada no era fácil. Pero luego de cinco años de tensión, sudor y sangre, vino el progreso y Kabwata Baptist Churh pudo tomar su posición en la histórica tradición bautista reformada.

Desde entonces, la importación africana del torbellino carismático ha barrido la tierra haciendo estragos, pero nos ha dejado ampliamente ilesos porque no éramos niños doctrinales, como aquellos a los que Pablo se refirió en Efesios 4:14. En lugar de eso, nos hemos convertido en parte de un fuerte epicentro de reforma en la África al sur del Sahara. No todo pastor ha tenido este privilegio. Muchos tratan de introducir la reforma durante los primeros años de su pastorado, pero en el proceso son expulsados de la iglesia. Así fue como sucedió con Jonathan Edwards, a

pesar de hecho de que era posiblemente el teólogo más grande de América.

3. Ver bebés convertirse en adultos jóvenes

He tenido la oportunidad de ver bebés que nacieron durante los primeros años de mi ministerio venir a Cristo a su debido tiempo, convertirse en miembros de la iglesia, terminar la universidad, comenzar a trabajar, y aún hasta casarse. La última boda que llevé a cabo hace unas semanas está en este grupo. El papá de la novia se convirtió durante los primeros años de mi ministerio, pocos años antes del nacimiento de la novia. Ese hombre ahora es mi compañero anciano. ¡Me siento como Pablo en 2 Timoteo 1:5 cuando habla sobre la fe de su abuela Loida, mamá Eunice e hijo Timoteo! Si algo alguna vez valida el poder del evangelio, es cuando uno ve este tipo de fruto generacional y estable. El poder de permanencia del evangelio es emocionante.

4. Ver autenticarse la crianza bíblica

Durante 30 años, mi matrimonio y vida de familia ha sido el motivo del escrutinio y las oraciones de una congregación. Me casé con Felistas durante los primeros cuatro meses de mi pastorado, y tuvimos nuestro primer hijo nueve meses más tarde. En los años transcurridos, he enseñado a la congregación lo que significa levantar una familia de manera piadosa.

Inicialmente, todo esto era pura teoría, en especial porque muy pocos individuos de nuestra iglesia habían sido criados en hogares cristianos. Ahora, por la gracia de Dios, nuestros hijos son jóvenes adultos que trabajan, aman y sirven al Señor. Por la gracia de Dios, el legado de fidelidad de nuestra familia ha recorrido un largo camino para validar lo que he enseñado en el púlpito. Los miembros han visto la administración doméstica bíblica dar el fruto de Tito 1:6 con sus propios ojos.

5. Ver la iglesia que crece conmigo

En varias ocasiones me han preguntado cómo he permanecido por 30 años en el mismo pastorado. Estoy seguro de que hay muchas respuestas a esa pregunta. Sin embargo, luego de una reflexión, una de las razones principales es que Kabwata Baptist Churh ha crecido conmigo.

Este crecimiento no siempre ha sido fácil. He experimentado suficientes desafíos mientras he madurado como pastor. Sin embargo, este crecimiento también recibido mucha ayuda dentro de la iglesia. Mientras mi ministerio ha crecido, la iglesia en su gracia proveyó el tiempo y los recursos —tanto humanos como financieros— para sostener este crecimiento.

Como resultado, nunca he sentido lo que Pablo sintió en Romanos 15:23 que su obra había terminado en una región en particular. Tampoco me he sentido utilizado en menor medida de lo podría dar ni sobrecargado. Tampoco estoy aburrido o agotado. Solo estoy agradecido.

En conclusión

¿Tendré otros 30 años en la misma iglesia? No lo sé. Como la cabra de las colinas africanas, iré comiendo una hoja de hierba a la vez hasta que el Gran Pastor me lleve a otro campo o hasta que el sol de ponga en el tiempo de Dios.

Acerca del escritor

Conrad Mbewe es el pastor de Kabwata Baptist Church en Lusaka, Zambia.

No satisfecho con nuestro pastorado y aun así avanzando

Bob
Johnson

Hace año y medio escribí un artículo con un título similar acerca de un plan que tenía para aumentar el nivel y la intencionalidad del pastorado que los ancianos de mi iglesia proveen para nuestros miembros. Estaba convencido de que necesitábamos estar más involucrados en la vida de nuestra gente si íbamos a estar en la disposición de decir que cuidábamos sus almas (Heb 13:17).

En su libro *El pastor líder*, Tim Witmer habla del pastorado macro (predicar, enseñar, organizar) y el pastorado micro (conversaciones, discipulado personal, orar unos por otros, etc.). Mi sentido era que le habíamos prestado mucha atención al pastorado macro y necesitábamos darle más atención al aspecto micro. Así que, en el artículo original ofrecí algunos pasos que tomaríamos y prometí un seguimiento para saber cómo nos había ido.

¡Los resultados han sido maravillosos! ¡La asistencia aumentó un 600 por ciento aumentó!

¡Las ofrendas aumentaron un 850 por ciento! ¡8 iglesias fueron plantadas! ¡57 jóvenes están ahora en el seminario! ¡Se añadieron 2 millones de seguidores nuevos en Twitter! Está bien, lo reconozco, eso no es verdad. ¿Pero cómo nos ha ido realmente?

Tres pasos prácticos

El plan involucraba tres elementos fundamentales seguidos de algunos pasos prácticos:

1. Revisar con mis ancianos la naturaleza principal de la iglesia y nuestra responsabilidad de cuidar a cada miembro.
2. Establecer una visión clara para el ministerio que incluya el cuidado de cada miembro del rebaño.
3. Crear un plan de pastorado dirigido por relaciones en lugar de reacciones.

El objetivo de este último paso fue crear un plan de cuidado para cada miembro del rebaño y así poder saber cómo orar mejor, motivarlos mejor,

desafiarlos mejor e informarles de ministerios, recursos u otras personas que puedan ayudarles (o a quiénes pueden ayudar). Los ancianos abrazaron los dos primeros pasos y se dispusieron a trabajar en el tercero. A continuación lo que hicimos.

Pastoreando a través de las relaciones y no de las reacciones

Primero, le pedimos a cada anciano que contactara cinco miembros de la iglesia cada mes. Nuestra membresía tiene un poco más de 1,000 personas. No tratamos de organizarla sobre la base de las personas que cada pastor conocía, pero ciertamente pudimos cambiar nombres basados en las relaciones actuales y elecciones personales de a quién conocer en el futuro.

Inicialmente, todos tratamos de contactar a nuestros miembros asignados por teléfono. El anciano se identifica y le explica a la persona que oramos regularmente por cada miembro de nuestra iglesia, también le dice que queremos saber por cuáles cosas ese miembro desea que oremos. Aquellos que realmente respondieron sus teléfonos parecían, mayormente, muy agradecidos por el contacto. En algunos casos, el anciano llamó en un momento oportuno y estuvo en la disposición de ayudar a ese miembro a abordar una necesidad urgente.

En otros casos, la persona fue encontrada indefensa y realmente no tenía nada en el momento, aunque algunos llamaron de nuevo más tarde para decir que pensaron en algo. En general, probablemente cerca de un 40-50% de nuestros miembros no respondió sus teléfonos y no llamó de vuelta.

Beneficios tangibles

Aunque el contacto con nuestros miembros no ha sido completado, ha sido de un valor incalculable. Uno de los beneficios tangibles ha sido el aumento de los contactos que los pastores están teniendo con las ovejas. Un pastor que no huele a oveja no es un verdadero pastor. Todos nosotros aprendemos acerca de los desafíos diarios que algunos miembros experimentan y cómo tan solo una llamada telefónica abre la puerta para más conversaciones.

Otro beneficio ha sido nuestro entendimiento de lo poco que algunas personas saben acerca de los diferentes ministerios de nuestra iglesia. Esto nos ha llevado a ser más intencionales en nuestra comunicación.

Otro beneficio es que la congregación reconozca que cada miembro tiene una responsabilidad de orar y cuidarse unos a otros. El que los ancianos estén trabajando en esto me anima a llamar a los miembros y así mantener el ritmo. Motivo a los miembros a orar unos por otros como una parte regular de servirse mutuamente, en especial los domingos. Ver los miembros sentarse en las bancas luego del servicio o reunirse en una esquina para orar unos por otros es muy motivador.

Otro beneficio es que los ancianos son constantemente recordados que nuestra iglesia no es una colección de ministerios que deben ser administrados sino un rebaño de personas que necesitan ser alimentadas, guiadas y servidas.

Beneficios intangibles

Parece que también hay algunos beneficios intangibles. Mi esposa recientemente escuchó a un miembro preguntarle a otro: "¿Recibiste la llamada de tu anciano?". El miembro estaba preguntando esto de buena manera y estaba expresando gratitud por nuestro cuidado hacía él. La idea de que somos un rebaño claramente definido, conocido y cuidado por los pastores es un gran consuelo para nuestra iglesia.

Esto también ayuda a la congregación a reconocer nuestra necesidad de mantener la membresía de la iglesia fresca y legítima. No puedo destacar ningún apoyo estadístico pero la con-

gregación parece estar en una posición saludable. Parecen realmente confiar en nuestro liderazgo como ancianos. Escucho las preguntas que son hechas en nuestras reuniones de miembros y busco obtener un sentido de lo mucho que confían en el liderazgo. Parece que la congregación está muy en paz con los ancianos y otros líderes, y que estos esfuerzos específicos de pastorear cada miembro contribuyen a ello.

Qué sigue

Por tanto, ¿ahora qué?

Este año estamos tratando de profundizar nuestras conversaciones así como de ampliar la participación que recibimos de los miembros. Hemos mejorado nuestra logística solo un poco. Este año le asignamos a cada anciano un grupo de personas a contactar y supervisar al inicio del año. Cada anciano está buscando oportunidades de conversación durante el año y no solo en un mes específico. Así que, aunque reportamos mensualmente, estamos atentos durante todo el año.

Además, nuestros registros han sido actualizados para que sea más fácil de usar para los ancianos. También estamos contactando personas por correo electrónico y mensajes de texto, así como por teléfono y contacto personal. Preferimos hacer contacto cara a cara o por teléfono, pero si podemos por lo menos recibir una respuesta por correo, la tomaremos. No solo preguntamos: "¿Cómo podemos orar por ti?", sino que ahora también sabemos preguntar: "¿Cuáles son algunos objetivos espirituales que tienes con los que podemos ayudarte a alcanzar?". Esta pregunta está abriendo muchas puertas para llegar a los corazones de nuestra gente.

Aún no estamos satisfechos con nuestro pastorado, pero estamos agradecidos del avance que estamos haciendo. Aun me siento desafiado por Hebreos 13:17, pero los ancianos han dado un paso al frente y la congregación está más sana debido a ello.

Acerca del escritor

Bob Johnson es el pastor principal de Cornerstone Baptist Church en Roseville, Michigan.

Traducido por **Samantha Paz**.

De pastores y predicadores

escrito por Miguel Núñez

Eduardo
Osteicoechea

¿Qué dirías si te dieran la oportunidad de asistir a un taller de ministerio pastoral impartido por uno de los pastores más respetados en la actualidad? ¿Qué dirías si supieras que este hombre resumirá los aspectos esenciales del ministerio con claridad y profundidad de acuerdo a la Biblia y a la sabiduría adquirida durante años de ministerio fructífero? ¿Qué dirías si pudieras aprender de la experiencia de un hombre que ha caminado en integridad y conformidad a las Escrituras a través de los peligros, retos, gozos, y desafíos del ministerio cristiano? Esta es la invaluable oportunidad que tendrá todo el que adquiera este libro.

De pastores y predicadores es una síntesis de la experiencia, conocimiento, y filosofía del pastor Miguel Núñez sobre el ministerio pastoral. Este libro trata los aspectos esenciales del ministerio en catorce capítulos saturados de enseñanza bíblica y reflexión profunda, con un estilo sumamente claro e interesante.

Análisis

Uno de los aspectos más impactantes de este libro es el amplio conocimiento y dominio de diversos aspectos del ministerio pastoral. El lector se encontrará ante un tratamiento profundo y lleno de sabiduría sobre la naturaleza, alcance, riesgos, requisitos, demandas, funciones, deberes, y problemáticas del ministerio. Solo la gracia de Dios operando a través de años de ministerio fiel y bíblico puede proveer un recurso como este para el equipamiento de la iglesia.

A pesar de la profundidad y sensibilidad de cada capítulo, el estilo del libro es extremadamente claro y sencillo. Al finalizar la lectura de los capítulos se experimenta un sentido de haber comprendido con facilidad el punto del autor, aunque es evidente que los asuntos fueron identificados y reflexionados a través de años de ministe-

rio. Las ilustraciones, ejemplos, datos de encuestas, y citas de interés hacen muy atractiva la lectura. Este recurso es a la vez informativo, retador, instructivo, y asequible para todo lector interesado en el ministerio pastoral.

El mayor valor de este libro es su conformidad a la Palabra de Dios. Cada tema abordado presenta un caso bíblico bien argumentado y teológicamente sólido. La autoridad de las Escrituras convence al lector del acierto y conveniencia del tratamiento dado a los temas presentados, trayendo convicción pero al mismo tiempo un excelente grado de instrucción bíblica y teológica sobre los mismos.

La gloria y santidad de Dios son temas predominantes en el ministerio del pastor Núñez y también en este libro. El lector es movido a considerar el carácter de un Dios santo que obra todas las cosas para Su gloria, llevándole a considerar el ministerio a la luz de esta realidad. El autor afirma:

Continuamente estamos administrando cosas sagradas y en el trayecto podemos olvidar cuán sagrado es lo que hacemos y convertir en "ordinario" lo que es extraordinario. Esto es un grave peligro… Si trivializamos al Dios que adoramos, podemos pecar contra el Dios que es santo, santo, santo.

De pastores y predicadores resalta el evangelio de Jesucristo, haciéndonos ver realidades esenciales como la dimensión de la responsabilidad pastoral. El carácter pastoral, sensible y amoroso del pastor Miguel Núñez está presente en cada parte de la obra. Él escribe:

Tu rol como pastor consejero es representar bien a Cristo y hacer uso del evangelio, reconociendo que es en el evangelio donde radica el poder.

Núñez también trata de forma crítica pero reverente diversos abusos y errores del ministerio evangélico en la actualidad.

Recomendación final

El abordaje amplio, profundo, y bíblico de los temas esenciales del ministerio hacen de este libro una excelente guía para los temas fundamentales del pastorado. Todo aspirante al ministerio o pastor puede ser grandemente beneficiado por este libro. Ya sea para reorientar el ministerio de manera bíblica o para refrescar aspectos esenciales del mismo, *De pastores y predicadores* será un material de tremenda edificación para los pastores y líderes del cuerpo de Cristo. Recomiendo completamente este libro a toda persona interesada o involucrada en el ministerio pastoral.

Acerca del escritor

Eduardo Osteicoechea es pastor en la Iglesia Bautista Palabra Viva y arquitecto. Posee un diploma de Estudios Bíblicos en el Instituto Integridad y Sabiduría, donde cursa una concentración en ministerio pastoral. Reside en Mérida, Venezuela, junto a su esposa Laleska y su hijo Elías.

Esta reseña fue publicada originalmente en **Coalición por el Evangelio**. Usada con permiso.

El Cristo completo:
legalismo, antinomismo y la seguridad del evangelio; una controversia antigua para hoy

escrito por Sinclair Ferguson

Benjamin M.
Veurink

Empecemos con un peque-ño ejercicio para evaluar tu destreza teológica. Aunque no es difícil, es revelador. Solo debes contestar lo opuesto a la primera palabra:

Puro –› Impuro
Finito –› Infinito
Cristo –› Anticristo
Legalismo –› ¿?

Si respondiste "libertinaje" (lo cual parecería tener el mayor sentido, dado que libertinaje se define como "vivir sin ley"), probablemente estarás pensando entonces que no fue un examen muy complejo, ¿no es así? Sin embargo, la realidad es que te equivocas al nivel teológico. El legalismo y el libertinaje no son opuestos.

Es precisamente por este error que se escribió *The Marrow of Modern Divinity*, un libro que, sin tratar de hacerlo, resultó en una controversia y en la expedición de un veredicto en su contra en 1720 en Escocia, y que permanece hasta hoy. En *El Cristo completo*, Sinclair B. Ferguson revive esta antigua polémica, conocida como "la controversia de Marrow".

En su libro, Ferguson analiza los errores cometidos por la iglesia de Escocia en torno a esta polémica, a fin de que no sean repetidos por nosotros al ignorar la historia. Él desenmascara ambos lados del debate entre el legalismo y el libertinaje (el cual Ferguson trata en el libro con el término antinomismo). El autor nos muestra lo que estaba en juego —¡y sigue en juego!— en esta controversia: perder la esencia misma del evangelio.

El evangelio es el camino angosto y hay dos precipicios a cada lado de la senda: el legalismo y antinomismo.

Legalismo, antinomismo, y evangelio

El libro contiene once capítulos que se pueden dividir en cuatro secciones: la controversia, el legalismo, el antinomismo, y la seguridad del evangelio. El tema central que permea todo el libro es el evangelio.

Este es el resumen de la obra en palabras del autor: "Es un fracaso en este punto lo que conduce al error de prescribir una dosis de antinomismo para curar el legalismo, o viceversa, en lugar del antídoto evangélico de nuestra unión con Cristo por gracia" (p. 86). Ferguson explica que no hay una diferencia real entre el legalismo y el antinomismo, ya que son gemelos que brotan del mismo error doctrinal: la distorsión del carácter y persona de Dios.

La controversia que aborda el autor se dio entre dos grupos: los "hombres Marrow" y la Asamblea General de la Iglesia de Escocia. Es fascinante que ambos grupos se adhirieron fervientemente a la Confesión de Fe de Westminster; aún así y con todas sus similitudes, hubo respuestas diferentes a ciertas preguntas que los dividieron: ¿Cómo se debe predicar el evangelio? ¿Cómo se relaciona el arrepentimiento con la fe?

Ferguson argumenta a favor de los hombres Marrow,

quienes creían que la Asamblea había comprometido la gracia del evangelio. Por otro lado, la Asamblea consideraba que los hombres Marrow caían en el libertinaje, haciendo el evangelio barato. Ninguno de los dos grupos se declararía a sí mismo como legalista (creyéndose salvo por sus obras) o antinomiano (creyéndose libres de obedecer la ley) porque ambos errores son mucho más que meras afirmaciones doctrinales; estos son afectos del corazón y de cómo se concibe a Dios.

La pregunta definitiva que demuestra la postura del corazón es: "¿Cuál era el propósito de la ley?". Según el apóstol Pablo, hay dos respuestas equivocadas: "Una conducía al legalismo al contrabandear la ley en el evangelio; la otra conducía al antinomismo al implicar que el evangelio abolía completamente la ley" (p. 76). Para Ferguson, la manera en la que uno relaciona el evangelio y la ley determina si tiende hacia el legalismo o el antinomismo, pero ambos son al fin de cuentas iguales. El autor concluye: "Aunque en un sentido el antinomismo es el error "opuesto" al legalismo, en otro sentido es el error "equivalente", porque de un modo similar separa la ley de Dios del carácter de Dios" (p. 141). El único remedio disponible es el evangelio.

Por eso los hombres Marrow defendieron la enseñanza central del evangelio en el libro disputado, para que la gracia del evangelio no fuera aislada por la tendencia que la Asamblea tenía hacia un espíritu legalista.

Ferguson cierra ofreciendo unos remedios y maneras de identificar el legalismo y antinomismo, pero además explora la seguridad del evangelio. La misma seguridad de salvación puede generar estos dos errores, porque uno puede sentirse seguro por su obediencia (legalista), y el otro puede sentirse seguro por la gracia infinita (antinomiano). Ambas trampas surgen desde los afectos del corazón; es posible afirmar intelectualmente el evangelio, pero creer en el fondo uno de los dos errores y así oscurecer el evangelio verdadero.

Un reto que vale la pena

Al concluir el libro se pueden realizar cuatro apreciaciones. Primero, es un recurso increíble para diseccionar el corazón al examinar si se está tendiendo hacia el legalismo o el antinomismo y cómo remediarlo. Segundo, profundizar en el evangelio magnifica la unión con Cristo y muestra su importancia inigualable en la vida cristiana. Tercero, la audiencia primaria del autor son los pastores, pero esto no quiere decir que las aplicaciones del libro excluyen la aplicación personal transformativa para el lector laico. Cuarto, es una lectura académica ardua.

El libro explora historia presbiteriana, doctrina puritana, teología histórica, polémica dogmática, libros no traducidos al español, autores antiguos, y cuenta con 31 páginas de notas de pie. El nivel de lectura requerido es bastante alto y puede intimidar a algunos lectores al desafiarse con este precioso libro. Sin embargo, para cualquiera que desee profundizar en las riquezas del evangelio, contemplar el rostro glorioso de Cristo y que no tema retar su mente tanto como su alma, este libro vale la pena.

Acerca del escritor

Benjamin M. Veurink (MMB, MDiv Candidate) es estadounidense. Sirve como misionero en la Iglesia Bíblica Cristiana de Cali en Colombia, junto con su amada esposa Diana. Ellos tienen tres hijos: Abigail, Eleanor y Josiah (quien está con el Señor). Benjamín es licenciado en Estudios Bíblicos y tiene una Maestría en Ministerio Bíblico. Actualmente, cursa una Maestría en Divinidad en The Master's Seminary.

Esta reseña fue publicada originalmente en **Coalición por el Evangelio**. Usada con permiso.

La predicación cristocéntrica: rescatando el sermón expositivo

escrito por Bryan Chapell

Iñigo García de Cortázar

¿Cómo puedo predicar y enseñar mejor? Esta es una de las preguntas que domina los artículos y libros cristianos en la actualidad. Y con razón. Muchos han pensado que predicar es fácil: elegir un texto —el que sea— y simplemente hacer comentarios sobre él.

La predicación es una herramienta fundamental para el crecimiento espiritual en las iglesias. A través de esta forma de enseñanza comprendemos quién es Dios, qué ha hecho por nosotros, y cómo debe ser nuestra respuesta. ¿Qué pasa entonces si se reduce el tiempo de la predicación, o si el predicador usa muchas ilustraciones e incluso chistes para mantener despierta una congregación que muestra poco interés?

En el Nuevo Testamento, Pablo insiste en la importancia de dar a conocer la enseñanza de Dios. Romanos 10:14 dice: "¿Cómo, pues, invocarán a Aquel en quien no han creído? ¿Y cómo creerán en Aquel de quien no han oído? ¿Y cómo oirán sin haber quien les predique?". 2 Timoteo 4:1-2 expone: "Te encargo solemnemente: Predica la palabra. Insiste a tiempo y fuera de tiempo. Amonesta, reprende, exhorta con mucha paciencia e instrucción". Ambos textos animan a los maestros a predicar con fidelidad, sin importar las circunstancias.

Sea cual sea la realidad de la congregación y su interés por la Biblia, quienes se encargan del ministerio de la Palabra deben prepararse correctamente para mejorar su enseñanza a través de la predicación. En el libro *La predicación cristocéntrica*, el Dr. Bryan Chapell propone una metodología y un enfoque centrados en la Escritura para responder a esta necesidad.

El libro se compone de 11 capítulos y 13 apéndices. Todo el contenido de este recurso es altamente recomendado y de mucha edificación.

Los primeros nueve capítulos componen todo el fundamento teórico a tener en cuenta al desarrollar un sermón. Dentro de estos, los cuatro primeros capítulos tratan acerca del sermón, qué es, y qué debe contener. Chapell distingue tres partes del sermón centrado en el evangelio: *ethos*, *pathos* y *logos*. Es decir, el predicador (*ethos*) —cómo vive, su credibilidad, y compasión—, la convicción profunda de lo que se está predicando (*pathos*) y la Palabra (*logos*). Adicionalmente, apunta la necesidad de que el sermón tenga unidad, propósito, enfoque determinado en la condición de caída (ECC) y aplicación.

Los siguientes cinco capítulos hacen mayor énfasis en los elementos que componen la estructura del sermón. Chapell desarrolla el material de manera fácil de comprender y sencilla de llevar a la práctica. Aun siendo similar en contenido a otros libros que tratan sobre la predicación, la forma en que el autor explica la necesidad de cada elemento y la manera en que nos lleva a desarrollar cada uno de forma práctica, hacen de *La predicación cristocéntrica* un recurso destacable.

Finalmente, los capítulos 10 y 11 —capítulos clave en este libro— hacen énfasis en el enfoque cristocéntrico y redentor de cualquier sermón. Puede parecer secundario, pero Chapell nos muestra que todo lo visto anteriormente debe llevarnos a que el mensaje esté realmente centrado en Jesús. Cristo es el fin de nuestra enseñanza; quienes nos escuchan deben encontrar gozo al confiar en Dios y saber que su vida tiene sentido a través de la obra de Cristo por medio del Espíritu Santo. La vida cristiana no es un conjunto de acciones morales para "agradar" a Dios, sino la respuesta de una fe viva y apasionada en la obra de Cristo y el carácter de Dios.

A través de este libro, Chapell demuestra su experiencia tanto en lo académico como en lo pastoral. *La predicación cristocéntrica* es una obra que conjuga ambas facetas de este gran escritor. Este libro es altamente recomendable para todo aquel que enseña dentro de la iglesia, desde los pastores y predicadores, mujeres que enseñan a otras mujeres, maestros de niños, y también para los estudiantes de institutos bíblicos.

La predicación cristocéntrica me impactó profundamente. De todos los libros sobre predicación que he tenido la oportunidad de leer, este es el más completo. Encontré refrescante la manera en que Chapell me confrontó sobre algunos elementos de mi predicación que eran pobres o no contaban con un objetivo claro. Este recurso no es para leerse una sola vez, sino también para consultar cada vez que se prepara un sermón. *La predicación cristocéntrica* es una obra de arte que debería estar en la biblioteca de todo predicador.

Acerca del escritor

Iñigo García de Cortázar, junto con su esposa Ana Cristina, es misionero actualmente en Cali, Colombia. Es ingeniero industrial y teólogo, y es parte de las congregaciones Centro Bíblico en Colombia. Le gusta la teología, la predicación y la enseñanza. Además, le gusta escribir artículos de reflexión teológica.

Esta reseña fue publicada originalmente en **Coalición por el Evangelio**. Usada con permiso.

Siervo fiel: distintivos esenciales del ministerio pastoral

escrito por varios autores

Rudy Ordoñez

Cuan frecuentemente los seres humanos hacemos imágenes idílicas de una situación, persona o cosa. Constantemente se crea en la mente un cuadro perfecto de armonía y paz, pero pocas veces esas pinturas fascinantes de la imaginación captan la totalidad del contexto, en raras ocasiones se alcanza a entender el panorama completo.

El oficio pastoral suele ser uno de esos cuadros hermosos y limitados en la percepción de las personas, la imagen que muchos tienen sobre un pastor es la de aquel hombre parado en un púlpito, mostrando las maravillas de la Palabra del Señor para Su iglesia, pero a esta escena le hacen falta muchos detalles más para tener la obra completa.

Hay mucha labor pastoral que no se ve y/o que nunca será evidente. Varios elementos deben estar presentes en la vida del hombre que trabaja para el Señor como pastor de Sus ovejas. Es sobre esa amplitud de dimensiones que habla el libro *Siervo fiel: distintivos esenciales del ministerio pastoral*.

Un hombre, un libro

Este libro es escrito en el contexto del ministerio pastoral de Henry Tolopilo, quien es mayormente conocido por su servicio para hispanos en Grace Community Church, en donde por los últimos 25 años ha expuesto la Palabra del Señor y ha guiado fielmente a la congregación.

Aunque el libro fue escrito en el marco de su labor ministerial, no es acerca de él directamente. Es sobre esos elementos que todo aquel que es o aspira a ser pastor debe tener presente. ¡Qué mejor forma de hacer homenaje a alguien que ha sido fiel a su labor que mostrando los distintivos esenciales de esa labor!

Un libro, muchos hombres

Varios escritores colaboraron para esta obra. Son hombres que en distintos momentos y por diferentes razones han conocido al pastor Tolopilo. Algunos de ellos, al igual que Pablo con Gamaliel, han sido instruidos por Henry Tolopilo desde el púlpito, las aulas, una comida en casa, una consejería en la oficina, etc. Otros han gozado de una relación de servicio conjunto en el ministerio, quizás hayan derramado juntos alguna lágrima ya sea por tristeza o por reír demasiado.

Cada uno de estos hombres conoce la labor pastoral, con todas sus emociones, las de alegría y las de dolor. Y es con base en la experiencia y el conocimiento de la instrucción bíblica que se han unido para exponer los distintivos de un ministerio pastoral fiel de forma sencilla, breve, pero a la vez profunda.

¿Para quién es este libro?

Evidentemente, los primeros y principales receptores de este libro son los hombres que ya son pastores o aquellos que aspiran al ministerio pastoral, pues allí encontrarán ricas y refrescantes verdades a considerar para servir fielmente al Señor.

Sin embargo, es una lectura que será de utilidad también a aquellos hombres que no tienen el llamado pastoral y a las mujeres de cada congregación, pues les permitirá conocer varios aspectos que quizás desconozcan de la vida de sus pastores. Les ayudará a entender mejor la amplitud y responsabilidad de este servicio a Dios.

Distintivos esenciales del ministerio pastoral

El libro inicia con la introducción hecha por el pastor John MacArthur, quien proporciona desde una perspectiva bíblica, cómo y por qué un siervo fiel debe ser un hombre de Dios. Concluye el escrito con una breve biografía del pastor Henry Tolopilo, escrita por su hijo Stephen, la cual da destellos de la vida de este siervo fiel.

El contenido está presentando en 14 capítulos, los que dan base bíblica y en ocasiones usa componentes históricos para exponer cada tema. Para aquellos amantes de guardar frases de valor, tendrán al inicio de cada exposición una cita de siervos fieles desde los primeros siglos del cristianismo hasta tiempos contemporáneos. Al finalizar cada sección se encuentran preguntas para profundizar en pensamiento y aprendizaje del distintivo esencial tratado.

Los temas a lo largo del libro presentan las razones y las formas como un pastor cumple su llamado al guiar piadosamente a su congregación y colocar el fundamento para el crecimiento de esta y el apoyo a misiones, al capacitar a otros hombres para el ministerio. Lo anterior se logra mediante una predicación fiel producto de un conocimiento teológico firme, nacido de una vida de acercamiento continuo a la Palabra y a Dios en oración.

Sumado a esto, se tienen secciones de teología práctica, es decir, de cómo la vida diaria refleja o no una relación cercana con el Señor, pues un siervo fiel muestra a Cristo en el cuidado de su familia, al enfrentar el sufrimiento y la alegría, al exhortar y animar a otros.

Cada lector, en sus circunstancias particulares, encontrará en el libro ánimo de Dios. Pero, de manera especial, deseo llamar la atención al capítulo acerca del temor al Señor escrito por Santiago Armel. El temor a Dios es algo que a menudo los cristianos modernos pasamos por alto, pero es tan necesario en este peregrinaje terrenal.

También, es notable el capítulo 4. En él se invita al pastor a entender que debe ser un teólogo. Estas páginas del libro presentan una riqueza de doctrinas que se deben conocer, y aunque en alguna de ellas según el trasfondo denominacional no se esté de acuerdo, sin lugar a duda, comprender la responsabilidad de estudiar cada uno de estos temas es el punto toral y valioso de esta sección.

Conclusión

No queda más que agradecer a estos hombres que, honrando al pastor Tolopilo, se dieron el tiempo para que su experiencia y conocimientos produjeran este libro que señala los distintivos esenciales del ministerio pastoral del siervo fiel.

Acerca del escritor

Rudy Ordoñez es hondureño, parte de la Iglesia Presbiteriana Gracia Soberana, en Tegucigalpa, Honduras, y está en proceso de ser ordenado como pastor gobernante. Además, sirve como Director Editorial en Soldados de Jesucristo. Apasionado de la iglesia local, historia de la iglesia y apologética, le gusta leer mucho y escribir un poco de todo. Rudy está casado con Ehiby y tienen dos hijos: Benjamín y Abigail.

Esta reseña fue publicada originalmente en **Soldados de Jesucristo**. Usada con permiso.

El pastor y la consejería:
los fundamentos de pastorear a los miembros en necesidad

escrito por Jeremy Pierre y Deepak Reju

Ricardo Daglio

Aunque el título de este libro claramente se enfoca en el ministerio pastoral de la consejería, no tengo dudas que los principios que comunica son útiles para cualquier cristiano que concienzudamente busca animar con palabras a otros hermanos en necesidad. Por lo tanto, me permito expresar que todos los que lean este libro serán beneficiados por las directrices comunicadas en sus páginas.

Por mucho tiempo fui reacio a la idea de la "consejería pastoral" como si fuera algo que involucraba asuntos de psicología o meras herramientas humanas para suplantar el poder del consejo de Dios a través de Su Palabra. Hasta que leí *El pastor y la consejería*. El libro se encuentra permeado de la Palabra de Dios que es la autoridad máxima que consolida la verdadera suficiencia para aconsejar a los seres humanos.

Si eres un hombre o mujer de la Palabra, te encantará la manera en que el libro introduce el asunto: "El verdadero poder de la consejería es Jesucristo. Tu confianza [para aconsejar] no está en alguna técnica de consejería súper desarrollada, ni siquiera en ti mismo, sino en el poder de Dios para cambiar a las personas. La verdadera confianza tiene sus raíces en el poder transformador de vidas de las buenas nuevas de Jesucristo" (p. 22).

También se puede entender de entrada lo que necesitamos tener en mente para llevar a cabo la consejería:

1. Jesucristo es el medio para el cambio: una relación con Él es vital. 2. Jesucristo es el objetivo del cambio: Su carácter es el modelo de madurez (p. 23).

Aconsejar, en su forma más simple, es una persona que busca caminar junto a otra que ha perdido su camino. Puedes aconsejar si de todo corazón te apropias de la Palabra de Dios (p. 24).

El libro se encuentra dividido en tres partes, una conclusión y cuatro apéndices muy útiles:

Primera parte: concepto

Esta sección del libro se enfoca en recalcar que un pastor trabaja para su gente, sus ovejas. Esto es fundamental ya que apacentar las ovejas es su tarea principal (Jn 21:15-19) y porque "amar a Jesús implica cuidar a aquellos que son Suyos. Y cuidar a aquellos que son Suyos significará la muerte" (p. 30). Todo gira en torno a esta idea ya que "el Nuevo Testamento trata sobre la naturaleza personal del ministerio pastoral… que implica (1) identificarse con las debilidades y pecados de las personas, (2) hablar con Dios en nombre de las personas, y (3) hablar a las personas en el nombre de Dios" (p. 33). Dentro de este concepto se nos recuerda que la superficialidad en el trato de la gente es un elemento que prueba que el pastor posee un trato superficial con Dios, que no agoniza por otras personas.

También en esta primera sección se plantean los objetivos iniciales de la consejería; por ejemplo, identificar el problema a tratar ya que "la consejería está por naturaleza orientada a los problemas" (p. 42). Luego se busca que la persona vea la importancia del evangelio.

Finalmente, la sección termina haciendo un énfasis en la necesidad de aprender a seguir tres pasos inevitables para la buena consejería: escuchar, examinar y hablar. En ese orden.

Segunda parte: proceso

Quizá sea esta le sección "práctica" en el sentido que nos comunica la dinámica de la consejería, donde se establece el vínculo inicial con el aconsejado teniendo en cuenta "cuatro objetivos principales de la consejería pastoral: confianza, misericordia, amor y respeto. Estos son los cuatro fundamentos básicos de cualquier consejería" (p. 69). A partir de esto se puede ofrecer esperanza y establecer expectativas. Se nos recuerda en este proceso que "los pastores deben pensar fundamentalmente en la consejería no como un intento de solucionar los problemas, sino como un intento de reorientar la adoración de las co-

sas creadas hacia el Creador por medio del evangelio de Jesucristo" (p. 89).

La última parte de esta segunda sección es la que tiene que ver con la reunión final donde básicamente se nos instruye en cómo saber cuándo terminar el proceso de consejería, lo cual no implica abandono inmediato de supervisión pastoral del aconsejado. Algo interesante en este punto es que finalizar el proceso puede significar que tienes que "trasladar el asunto a alguien capaz de hacer más de lo que tú has hecho hasta ahora" (p. 108). Pero en pocas palabras el pastor puede celebrar las evidencias de la gracia de Dios en la vida de los creyentes aconsejados, de estar presentes estos cambios. Así, los pastores pueden confiar en que los medios ordinarios de la gracia de Dios continuarán obrando, es decir "ministerios públicos, personales y privados de la Palabra de Dios" (p. 115).

Tercera parte: contexto

En esta vital sección del libro, los autores han sabido orientar la consejería como un asunto que no está aislado de la vida de la iglesia, remarcando que una cultura de discipulado es importante que se asimile conscientemente para que el pastor no olvide que jamás debe trabajar solo. En este sentido, "Una cultura de discipulado significa que

los miembros no tienen que pedir permiso para amarse mutuamente. Es una cultura de iglesia en la que es normal que los miembros tomen la iniciativa para amarse y hacerse bien espiritual los unos a los otros. Esa cultura de iglesia no es un programa, sino algo que fluye en el alma de la iglesia" (p. 126). Tres expectativas de discipulado conforman el desarrollo de lo dicho anteriormente: membresía (relevancia de comprender la pertenencia a un cuerpo local de creyentes); equipamiento (instruir bíblicamente a los miembros para que puedan discipular); conexión (que los miembros, siendo instruidos puedan tender la mano a otro miembro de la congregación para aconsejarlo). "Invertir deliberadamente en miembros de la iglesia y entrenarlos, puede ayudar a disipar miedos y a desarrollar confianza" (p. 135).

La sección finaliza dándonos orientación hacia los "cuándo, cómo y quién" de la ayuda paraeclesiástica (fuera de la iglesia) y que incluye la medicina o consejería profesional, de manera cuidadosa y puntual.

Conclusión

Los autores concluyen: "La consejería es una herramienta –solo por mencionar un ministerio de la Palabra entre otros– para ayudar a otra persona a vivir la fe en el Señor

Jesucristo de todo corazón... [el pastor] no puede resolver cada aspecto de cada problema de las personas, pero sí que podrá mostrar a la gente cómo caminar con fe en Cristo" (p. 152).

A manera de conclusión personal puedo decir que lo que me fascinó del libro es que se ha escrito algo que está al alcance de toda la iglesia, un recurso bíblicamente centrado y equilibrado, y que contiene lo básico y fundamental no solamente para los pastores sino para toda una congregación que desea servirse mutuamente por amor a Cristo. Confío en que la lectura consciente de este libro aportará grandes beneficios y madurez personal y colectiva.

Esta reseña fue publicada originalmente en **Soldados de Jesucristo**. Usada con permiso.

IX 9Marcas

Edificando iglesias sanas

¿ES TU IGLESIA SANA?

9Marcas existe para equipar a líderes de iglesias con una visión bíblica y recursos prácticos para mostrar la gloria de Dios a las naciones a través de iglesias sanas.

Para ello, queremos ayudar a las iglesias a crecer en nueve marcas de salud que a menudo se pasan por alto:

1. Predicación expositiva.
2. Teología bíblica.
3. Un entendimiento bíblico de las buenas nuevas.
4. Un entendimiento bíblico de la conversión.
5. Un entendimiento bíblico del evangelismo.
6. Un entendimiento bíblico de la membresía.
7. Disciplina bíblica en la Iglesia.
8. El discipulado y el crecimiento bíblico.
9. Liderazgo bíblico en la Iglesia.

En 9Marcas escribimos artículos, libros, reseñas de libros y una revista en línea. Organizamos conferencias, grabamos entrevistas y producimos otros recursos para equipar a las iglesias para mostrar la gloria de Dios.

Visita nuestro sitio de Internet para encontrar contenido en más de 40 idiomas y suscríbete para recibir nuestra revista gratuita en línea. Para ver una lista completa de nuestros sitios de Internet en otros idiomas visita: 9marks.org/about/international-efforts

Ingles: 9marks.org | Español: es.9marks.org

Libros

PRÓLOGO POR JOSHUA HARRIS

Una Iglesia
SALUDABLE
NUEVE
CARACTERÍSTICAS

MARK DEVER

EL EVANGELIO

CÓMO
LA IGLESIA
REFLEJA LA
HERMOSURA
DE CRISTO

RAY ORTLUND

¿qué es el
EVANGELIO?

Greg Gilbert

LA IGLESIA EN
LUGARES DIFÍCILES

Cómo la iglesia local trae vida
a los pobres y necesitados

MEZ McCONNELL &
MIKE McKINLEY

LA COMUNIDAD
ATRACTIVA

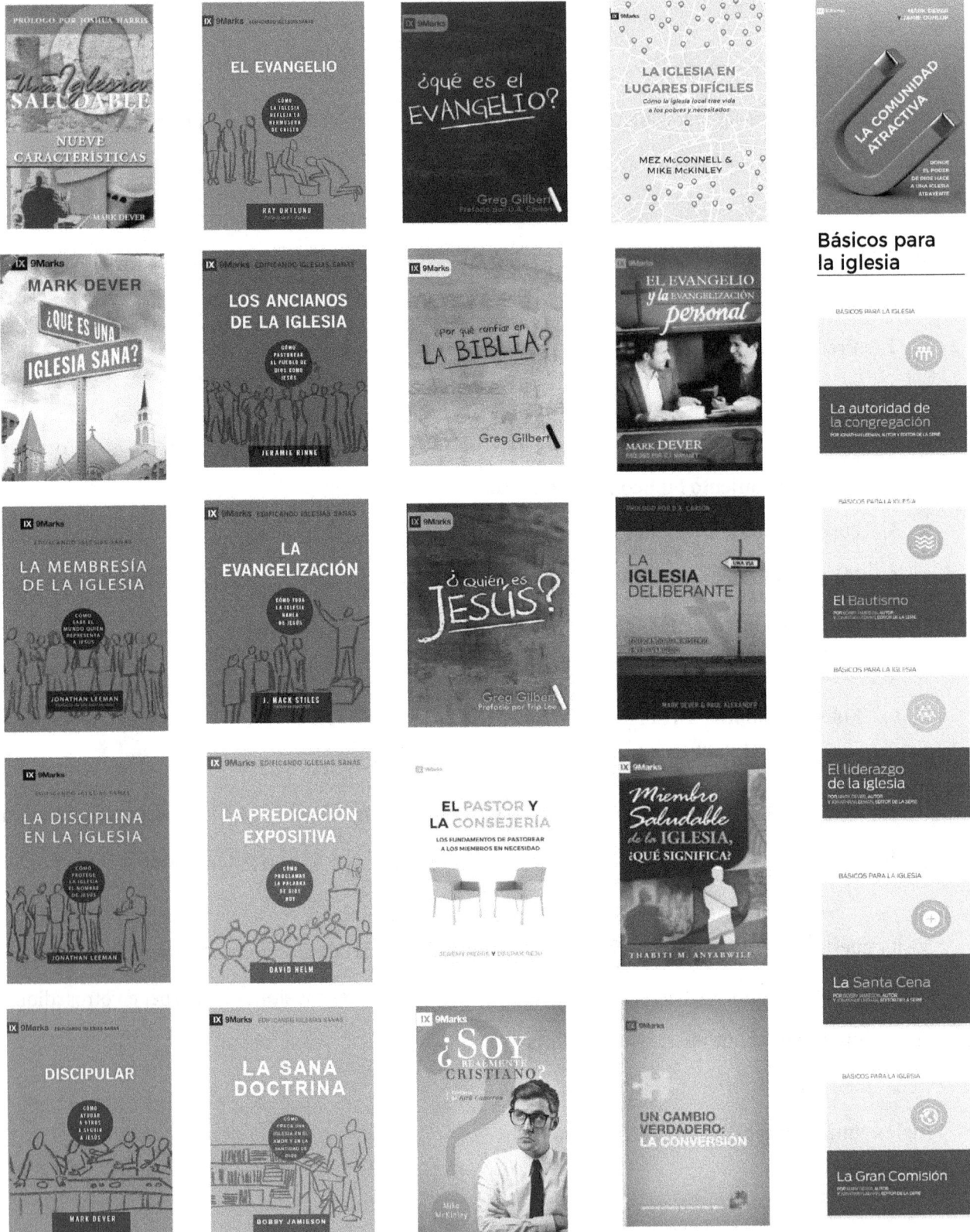

Básicos para la iglesia

MARK DEVER

¿QUÉ ES UNA
IGLESIA SANA?

LOS ANCIANOS
DE LA IGLESIA

CÓMO
PASTOREAR
AL PUEBLO DE
DIOS COMO
JESÚS

JERAMIE RINNE

¿por qué confiar en
LA BIBLIA?

Greg Gilbert

EL EVANGELIO
y la EVANGELIZACIÓN
personal

MARK DEVER

BÁSICOS PARA LA IGLESIA

La autoridad de
la congregación

LA MEMBRESÍA
DE LA IGLESIA

CÓMO
SABE EL
MUNDO QUIÉN
REPRESENTA
A JESÚS

JONATHAN LEEMAN

LA
EVANGELIZACIÓN

CÓMO TODA
LA IGLESIA
HABLA
DE JESÚS

J. MACK STILES

¿Quién es
JESÚS?

Greg Gilbert
Prefacio por Trip Lee

LA
IGLESIA
DELIBERANTE

MARK DEVER & PAUL ALEXANDER

BÁSICOS PARA LA IGLESIA

El Bautismo

LA DISCIPLINA
EN LA IGLESIA

CÓMO
PROTEGE
LA IGLESIA
EL NOMBRE
DE JESÚS

JONATHAN LEEMAN

LA PREDICACIÓN
EXPOSITIVA

CÓMO
PROCLAMAR
LA PALABRA
DE DIOS
HOY

DAVID HELM

EL PASTOR Y
LA CONSEJERÍA

LOS FUNDAMENTOS DE PASTOREAR
A LOS MIEMBROS EN NECESIDAD

Miembro
Saludable
de la IGLESIA,
¿QUÉ SIGNIFICA?

THABITI M. ANYABWILE

BÁSICOS PARA LA IGLESIA

El liderazgo
de la iglesia

DISCIPULAR

CÓMO
AYUDAR
A OTROS
A SEGUIR
A JESÚS

MARK DEVER

LA SANA
DOCTRINA

CÓMO
CRECE UNA
IGLESIA EN EL
AMOR Y EN LA
SANTIDAD DE
DIOS

BOBBY JAMIESON

¿SOY
REALMENTE
CRISTIANO?

Mike McKinley

UN CAMBIO
VERDADERO:
LA CONVERSIÓN

BÁSICOS PARA LA IGLESIA

La Santa Cena

BÁSICOS PARA LA IGLESIA

La Gran Comisión

Clases esenciales

Las clases esenciales de Capitol Hill Baptist Church nos ayudan a entender las sutiles complejidades y las grandes verdades de nuestro Dios, de la teología, del ministerio y de la historia, de la cual él es el autor. Diseñadas para usarse los domingos por la mañana, como una escuela dominical, las clases esenciales están abiertas a todas las personas. Por favor, siéntete libre para usar estos materiales de las clases esenciales en tu iglesia. Puedes imprimir y copiar todos los archivos (manuscritos, apuntes, etc.) como sea necesario, incluso adaptándolos para tus necesidades locales (personalizando los documentos para tu congregación). Es posible que existan enlaces en algunas de las clases que te dirijan a materiales protegidos por derechos de autor, pertenecientes a otras organizaciones.

Listado de clases esenciales disponibles: **http://es.9marks.org/clases-esenciales/**

Estudios Básicos

Roles Cristianos

Próximos Cursos

Crianza de niños

Otros

  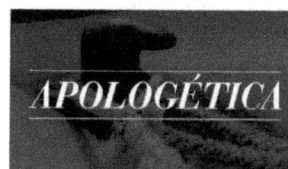

Próximos Cursos
Misiones
Conserjería Bíblica
El Cristiano en el Trabajo
Nuevo Testamento

Revistas

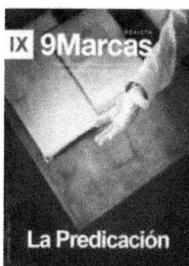